中公文庫

作品集

講釈場のある風景

中央公論新社 編

中央公論新社

目次

第一部　随筆

作品集　講釈場のある風景

第一部　随筆

講釈場のある風景

『硝子戸の中』より

夏目漱石

十九

私の旧宅は今私の住んでいる所から、四、五町《ちょう》奥の馬場下《ばばした》*という町にあった。町とはいい条《じょう》、その実《じつ》小さな宿場としか思われないくらい、小供の時の私には、寂《さび》れ切ってかつ淋《さむ》しく見えた。もともと馬場下とは高田《たかた》の馬場《ばば》の下にあるという意味なのだから、江戸絵図で見ても、朱引内《しゅびきうち》か朱引外《しゅびきそと》*か分らない辺鄙《へんぴ》な隅《すみ》の方にあったに違ないのである。

それでも内蔵造《くらづくり》の家《うち》が狭い町内に三、四軒はあったろう。坂を上《あが》ると、右側に見える近江屋伝兵衛《おうみやでんべえ》という薬種屋《やくしゅや》などはその一つであった。それから坂を下《お》り切った所に、間口《まぐち》の広い小倉屋《こくらや》という酒屋もあった。尤《もっと》もこの方は倉造りではなかったけれども、堀部安兵衛《ほりべやすべえ》*が高田の馬場で敵《かたき》を打つ時に、此処《ここ》へ立ち寄って、枡酒《ますざけ》を飲んで行ったという履歴のある家柄であった。私はその話を小供の時分から覚えていたが、ついぞ其所《そこ》にしまってあるという噂《うわさ》の安兵衛が口を着けた枡を見たことがなかった。その代り娘の御北《おきた》さんの長唄《ながうた》は何度となく聞いた。私は小供だから上手だか下手だかまるで解らなかったけれども、私の宅《うち》の玄関から表へ出る敷石《しきいし》の上に立って、通りへでも行こうとすると、御北さんの声が其所から能《よ》く聞こえたのである。春の日の午過《ひるすぎ》などに、私はよく恍惚《うっとり》とした魂を、麗《うらら》かな光に包みながら、御北さんの御浚《おさら》いを聴くでもなく聴かぬでもなく、ぼんやり私の家の土蔵《どぞう》の白壁《しらかべ》に身を靠《も》たせて、佇立《たたず》んでいた事がある。その御蔭で私はとうとう「旅の衣《ころも》は篠懸《すずかけ》の」などという文句を何時《いつ》の間《ま》にか覚えてしまった。

　この外《ほか》には棒屋《ぼうや》が一軒あった。それから鍛冶屋《かじや》も一軒あった。少し八幡坂《はちまんざか》の方へ寄った所には、広い土間を屋根の下に囲い込んだやっちゃ場*もあった。私の家《うち》のものは、其処《そこ》の主人を、問屋《とんや》の仙太郎《せんたろう》さんと呼んでいた。仙太郎さんは何でも私の父と極《ごく》遠い親類つづきになっているんだとか聞いたが、交際《つきあい》からいうと、まるで疎闊《そかつ》であった。往来で行き会う時だけ、「好《い》い御天気で」などと声を掛ける位の間柄に過ぎなかったらしく思われる。この仙太郎さんの一人娘が講釈師《こうしゃくし》の貞水《ていすい》*と好《い》い仲になって、死ぬの生きるのという騒ぎのあった事も人聞《ひとぎき》に聞いて覚えてはいるが、纏《まと》まった記憶は今頭のどこにも残っていない。小供の私には、それよりか仙太郎さんが高い台の上に腰を掛けて、矢立《やたて》と帳面を持ったまま、「いーやっちゃ若干《いくら》」と威勢の好い声で下にいる大勢の顔を見渡す光景の方がよっぽど面白かった。下からはまた二十本も三十本もの手を一度に挙《あ》げて、みんな仙太郎さんの方を向きながら、ろんじだのがれんだのという符徴《ふちょう》を、罵《のの》しるように呼び上げるうちに、薑《しょうが》や茄子《なす》や唐茄子《とうなす》の籠《かご》が、それらの節太《ふしぶと》の手で、どしどしどこかへ運び去られるのを見ているのも勇ましかった。

どんな田舎《いなか》へ行ってもありがちな豆腐屋は無論あった。その豆腐屋には油の臭《におい》の染《し》み込んだ縄暖簾《なわのれん》がかかっていて門口《かどぐち》を流れる下水の水が京都へでも行ったように綺麗《きれい》だった。その豆腐屋について曲ると半町《はんちょう》ほど先に西閑寺《せいかんじ》という寺の門が小高く見えた。赤く塗られた門の後《うしろ》は、深い竹藪《たけやぶ》で一面に掩《おお》われているので、中にどんなものがあるか通りからは全く見えなかったが、その奥でする朝晩の御勤《おつとめ》の鉦《かね》の音《ね》は、今でも私の耳に残っている。ことに霧の多い秋から木枯《こがらし》の吹く冬へ掛けて、カンカンと鳴る西閑寺の鉦の音《おと》は、何時《いつ》でも私の心に悲しくて冷たい或物を叩《たた》き込むように小さい私の気分を寒くした。

＊馬場下　江戸牛込馬場下横町。現在の新宿区喜久井町。
＊朱引き　江戸幕府が定めた江戸の範囲。
＊堀部安兵衛　赤穂浪士四十七士の一人。高田馬場の決闘で知られた。
＊やっちゃ場　江戸・東京の青物市場。
＊貞水　初代真龍斎貞水。天保一〇（一八三九）年～明治七（一八七四）年。

二十

この豆腐屋の隣に寄席《よせ》が一軒あったのを、私は夢幻《ゆめうつつ》のようにまだ覚えている。こんな場末《ばすえ》に人寄場《ひとよせば》のあろうはずがないというのが、私の記憶に霞《かすみ》を掛けるせいだろう、私はそれを思い出すたびに、奇異な感じに打たれながら、不思議そうな眼を見張って、遠い私の過去を振り返るのが常である。

その席亭《せきてい》の主人《あるじ》というのは、町内の鳶頭《とびがしら》で、時々目暗縞《めくらじま》の腹掛《はらがけ》に赤い筋の入った印袢纏《しるしばんてん》を着て、突《つ》っ掛《か》け草履《ぞうり》か何かでよく表を歩いていた。其所《そこ》にまた御藤《おふじ》さんという娘があって、その人の容色《きりょう》が能《よ》く家《うち》のものの口に上《のぼ》った事も、まだ私の記憶を離れずにいる。後《のち》には養子を貰《もら》ったが、それが口髭《くちひげ》を生はやした立派な男だったので、私はちょっと驚ろかされた。御藤さんの方でも自慢の養子だという評判が高かったが、後《あと》から聞いて見ると、この人はどこかの区役所の書記だとかいう話であった。

この養子が来る時分には、もう寄席もやめて、仕舞《しも》うた屋《や》になっていたようであるが、私は其所の宅《うち》の軒先《のきさき》にまだ薄暗い看板が淋《さむ》しそうに懸《かか》っていた頃、よく母から小《こ》遣《づかい》を貰って其所へ講釈《こうしゃく》を聞きに出掛けたものである。講釈師の名前はたしか、南麟《なんりん》*とかいった。不思議な事に、この寄席へは南麟より外《ほか》に誰も出なかったようである。この男の家《うち》はどこにあったか知らないが、どの見当から歩いて来るにしても、道普請《みちぶしん》が出来て、家並《いえなみ》の揃《そろ》った今から見れば大事業に相違なかった。そのうえ客の頭数《あたまかず》は何時《いつ》でも十五か二十位なのだから、どんなに想像を逞《たく》ましくしても、夢としか考えられないのである。「もうしもうし花魁《おいらん》へ、といわれて八《や》ツ橋《はし》なんざますえと振り返る、途端に切り込む刃《やいば》の光」という変な文句は、私がその時分南麟から教《おす》わったのか、それとも後《あと》になって落語家《はなしか》の遺《や》る講釈師の真似から覚えたのか、今では混雑してよく分らない。

当時私の家からまず町らしい町へ出ようとするには、どうしても人気《じんか》のない茶畠《ちゃばたけ》とか、竹藪《たけやぶ》とかまたは長い田圃路《たんぼみち》とかを通り抜けなければならなかった。買物らしい買物は大抵神楽坂《かぐらざか》まで出る例になっていたので、そうした必要に馴《な》らされた私に、さした苦痛のあるはずもなかったが、それでも矢来《やらい》の坂《さか》を上《あが》って酒井《さかい》様の火《ひ》の見櫓《みやぐら》を通り越して寺町《てらまち》へ出ようという、あの五、六町の一筋道《ひとすじみち》などになると、昼でも陰森《いんしん》として、大空が曇ったように始終薄暗かった。

あの土手の上に二抱《ふたかかえ》も三抱《みかかえ》もあろうという大木が、何本となく並んで、その隙《すき》間々《まま》をまた大きな竹藪が塞《ふさ》いでいたのだから、日の目を拝む時間といったら、一日のうちに恐らくただの一刻もなかったのだろう。下町へ行こうと思って、日和下駄《ひよりげた》などを穿《は》いて出ようものなら、きっと非道《ひど》い目にあうに極《きま》っていた。あすこの霜融《しもどけ》は雨よりも雪よりも恐ろしいもののように私の頭に染《し》み込こんでいる。

その位不便な所でも火事の虞《おそれ》はあったものと見えて、やっぱり町の曲《まが》り角《かど》に高い梯《はし》子《ご》が立っていた。そうしてその上に古い半鐘《はんしょう》も型《かた》のごとく釣るしてあった。私はこうしたありのままの昔をよく思い出す。その半鐘のすぐ下にあった小さな一膳飯屋《いちぜんめしや》もおのずと眼先《めさき》に浮かんで来る。縄暖簾《なわのれん》の隙間からあたたかそうな煮〆《にしめ》の香《におい》が煙《けぶり》と共に往来へ流れ出して、それが夕暮の靄《もや》に融《と》け込んで行く趣《おもむき》なども忘れる事ができない。私が子規《しき》のまだ生きているうちに、「半鐘と並んで高き冬木哉《ふゆきかな》」という句を作ったのは、実はこの半鐘の記念のためであった。

＊南鱗　田辺南鱗。安政二（一八五五）年～明治三九（一九〇六）年。

三十五

私は小供の時分能《よ》く日本橋《にほんばし》の瀬戸《せと》物町《ものちょう》にある伊勢本《いせもと》という寄席《よせ》へ講釈《こうしゃく》を聴きに行った。今の三越《みつこし》の向側《むこうがわ》に何時《いつ》でも昼席《ひるせき》の看板が掛かっていて、その角《かど》を曲ると、寄席はつい小半町《こはんちょう》行くか行かない右手にあったのである。

この席は夜になると、色物《いろもの》だけしか掛けないので、私は昼より外《ほか》に足を踏み込んだ事がなかったけれども、席数からいうと一番多く通《かよ》った所のように思われる。当時私のいた家は無論高田《たかた》の馬場《ばば》の下ではなかった。しかしいくら地理の便が好《よ》かったからといって、どうしてあんなに講釈を聴きに行く時間が私にあったものか、今考えるとむしろ不思議な位である。

これも今から振り返って遠い過去を眺めるせいでもあろうが、其所《そこ》は寄席としてはむしろ上品な気分を客に起させるように出来ていた。高座《こうざ》の右側《みぎわき》には帳場格子《ちょうばごうし》のような仕切《しきり》を二方に立て廻して、その中に定連《じょうれん》の席が設けてあった。それから高座の後《うしろ》が縁側《えんがわ》で、その先がまた庭になっていた。庭には梅の古木《こぼく》が斜めに井桁《いげた》の上に突き出たりして、窮屈な感じのしないほどの大空が、縁から仰《あお》がれるくらいに余分の地面を取り込んでいた。その庭を東に受けて離れ座敷のような建物も見えた。

帳場格子のうちにいる連中《れんじゅう》は、時間が余って使い切れない有福《ゆうふく》な人たちなのだから、みんな相応な服装《なり》をして、時々呑気《のんき》そうに袂《たもと》から毛抜《けぬき》などを出して根気よく鼻毛を抜いていた。そんな長閑《のどか》な日には、庭の梅の樹に鶯《うぐいす》が来て啼《な》くような気持もした。

中入《なかいり》になると、菓子を箱入のまま茶を売る男が客の間へ配って歩くのがこの席の習慣になっていた。箱は浅い長方形のもので、まず誰でも欲しいと思う人の手の届く所に一つといった風に都合よく置かれるのである。菓子の数は一箱に十位《とお》の割だったかと思うが、それを食べたいだけ食べて、後《あと》からその代価を箱の中に入れるのが無言の規約になっていた。私はその頃この習慣を珍らしいもののように興《きょう》がって眺めていたが、今となって見ると、こうした鷹場《おうよう》で呑気な気分は、どこの人寄場《ひとよせば》へ行っても、もう味わう事が出来まいと思うと、それがまた何となく懐《なつか》しい。

私はそんなおっとりと物寂《ものさ》びた空気の中で、古めかしい講釈というものを色々の人から聴いたのである。その中には、すとこ、のんのん、ずいずい、などという妙な言葉を使う男もいた。これは田辺南龍《たなべなんりゅう》*といって、もとはどこかの下足番《げそくばん》であったとかいう話である。そのすとこ、のんのん、ずいずいは甚《はなは》だ有名なものであったが、その意味を理解するものは一人もなかった。彼はただそれを軍勢《ぐんぜい》の押し寄せる形容詞として用いていたらしいのである。

この南龍はとっくの昔に死んでしまった。その外のものも大抵は死んでしまった。その後《ご》の様子をまるで知らない私には、その時分私を喜こばせてくれた人のうちで生きているものが果して何人あるのだか全く分らなかった。

ところがいつか美音会《びおんかい》*の忘年会のあった時、その番組を見たら、吉原《よしわら》の幇間《たいこもち》の茶番だの何だのが列《なら》べて書いてあるうちに、私はたった一人の当時の旧友を見出した。私は新富座《しんとみざ》へ行って、その人を見た。またその声を聞いた。そうして彼の顔も咽喉《のど》も昔とちっとも変っていないのに驚ろいた。彼の講釈も全く昔の通りであった。進歩もしない代りに、退歩もしていなかった。廿世紀のこの急劇な変化を、自分と自分の周囲に恐ろしく意識しつつあった私は、彼の前に坐《すわ》りながら、絶えず彼と私とを、心のうちで比較して一種の黙想に耽《ふけ》っていた。

彼というのは馬琴《ばきん》*の事で、昔伊勢本《いせもと》で南龍の中入前《なかいりまえ》をつとめていた頃には、琴凌《きんりょう》と呼ばれた若手だったのである。

*田辺南龍　二代目。天保一〇（一八三九）年～明治一七（一八八四）年。
*美音会　音響学者・田中正平が主宰した音楽会。
*馬琴　四代目。嘉永五（一八五二）年～昭和三（一九二八）年。

（『硝子戸の中』大正四年一月一三日～二月二三日「東京朝日新聞」「大阪朝日新聞」
／昭和八年　岩波文庫）

『日和下駄』より 第七 路地

永井荷風

鉄橋と渡し船との比較からここに思い起されるのは立派な表通りの街路に対してその間々に隠れている路地の興味である。擬造西洋館の商店並び立つ表通りはちょうど電車の往来する鉄橋の趣《おもむき》に等しい。それに反して日陰の薄暗い路地はあたかも渡し船の物哀れにして情味《じょうみ》の深きに似ている。式亭三馬《しきていさんば》が戯作《げさく》浮世床《うきよどこ》の挿絵に歌川国直《うたがわくになお》が路地口のさまを描いた図がある。歌川豊国《とよくに》はその時代（享和二年）のあらゆる階級の女の風俗を描いた絵本時勢粧《いまようかがみ》のうちに路地のありさまを写している。路地はそれらの浮世絵に見るごとく今も昔と変りなく細民《さいみん》の棲息《せいそく》するところ、日の当《あた》った表通りからは見る事の出来ないさまざまなる生活が潜《ひそ》みかくれている。侘住居《わびずまい》のはかなさもある。隠棲《いんせい》の平和もある。失敗と挫折と窮迫との最終の報酬なる怠惰と無責任との楽《らく》境《きょう》もある。すいた同士の新世帯《しんしょたい》もあれば命がけなる密通の冒険もある。されば路地は細く短しといえども趣味と変化に富むことあたかも長編の小説の如しといわれるであろう。

今日東京の表通りは銀座より日本橋通りはもちろん上野の広小路《ひろこうじ》浅草の駒形《こまがた》通りを始めとして到るところ西洋まがいの建築物とペンキ塗りの看板痩《や》せ衰《おとろ》えた並樹《なみき》さてはところ嫌《きら》わず無遠慮に突っ立っている電信柱とまた目まぐるしい電線の網目のために、言うまでもなく静寂の美を保っていた江戸市街の整頓を失い、しかもなおいまだ音律的なる活動の美を有する西洋市街の列に加わる事も出来ない。さればこの中途半端の市街に対しては、風雨雪月夕陽等《ふううせつげつせきようとう》の助けを借《か》るにあらずんば到底芸術的感興を催すことができない。表通りを歩いて絶えず感ずるこの不快と嫌悪の情とは一層《ひとしお》私をしてその陰にかくれた路地の光景に興味を持たせる最大の理由になるのである。

路地はどうかすると横町同様人力車《くるま》の通れるほど広いものもあれば、土蔵または人家の狭間《ひあわい》になって人一人やっと通れるかどうかと危《あやぶ》まれるものもある。もちろんその住民の階級職業によって路地は種々異った体裁をなしている。日本橋際《にほんばしぎわ》の木原店《きはらだな》は軒並《のきなみ》飲食店の行燈《あんどん》が出ているところから今だに食傷新道《しょくしょうじんみち》の名がついている。吾妻橋《あづまばし》の手前東橋亭《とうきょうてい》とよぶ寄席《よせ》の角《かど》から花川戸《はなかわど》の路地にはいれば、ここは芸人や芝居者《しばいもの》また遊芸《ゆうげい》の師匠なぞの多いところから何となく猿若町《さるわかまち》の新道《しんみち》の昔もかくやと推量せられる。いつも夜店の賑わう八丁堀北島町《はっちょうぼりきたじまちょう》の路地には片側に講釈の定席《じょうせき》、片側には娘《むすめ》義太夫《ぎだゆう》の定席が向合《むかいあ》っているので、堂摺連《どうするれん》*の手拍子は毎夜《まいよ》張扇《はりおうぎ》の響《ひびき》に打《う》ち交《まじ》わる。両国《りょうごく》の広小路《ひろこうじ》に沿うて石を敷いた小路《こうじ》には小間物屋袋物屋《ふくろものや》煎餅屋《せんべいや》など種々なる小売《こうり》店《みせ》の賑わうありさま、まさしく屋根のない勧工場《かんこうば》*の廊下と見られる。横山町辺《よこやまちょうへん》のとある路地の中にはやはり立派に石を敷き詰めた両側ともに長門筒袋物《ながとつつふくろもの》また筆なぞ製している問屋《とんや》ばかりが続いているので、路地一帯が倉庫のように思われるところがあった。芸者家《げいしゃや》の許可された町の路地はいうまでもなく艶《なま》めかしい限りであるが、私はこの種類のうちでは新橋《しんばし》柳橋《やなぎばし》の路地よりも新富座裏《しんとみざうら》の一角をばそのあたりの堀割《ほりわり》の夜景とまた芝居小屋の背面《はいめん》を見る様子とから最も趣のあるように思っている。路地の最も長くまた最も錯雑《さくざつ》して、あたかも迷宮の観あるは葭町《よしちょう》の芸者家町《げいしゃやまち》であろう。路地の内に蔵造《くらづく》りの質屋もあれば有徳《うとく》な人の隠宅《いんたく》らしい板塀《いたべい》も見える。わが拙作《せっさく》小説すみだ川の篇中にはかかる路地のある場所をばそのころ見たままに写生しておいた。

　路地の光景が常に私をしてかくの如く興味を催さしむるは西洋銅版画に見るが如きあるいはわが浮世絵に味うが如き平民的画趣ともいうべき一種の芸術的感興に基づく

ものである。路地を通り抜ける時試みに立止《たちどま》って向《むこ》うを見れば、こなたは差し迫る両側の建物に日を遮《さえぎ》られて湿っぽく薄暗くなっている間から、かなたはるかに表通りの一部分だけが路地の幅だけにくっきり限られて、いかにも明るそうに賑やかそうに見えるであろう。ことに表通りの向う側に日の光が照り渡っている時などは風になびく柳の枝や広告の旗の間に、往来《ゆきき》の人の形が影の如く現れては消えて行くありさま、ちょうど燈火《とうか》に照された演劇の舞台を見るような思いがする。夜になってこなたは真暗な路地裏から表通りの燈火を見るがごときは言わずともまた別様《べつよう》の興趣がある。川添いの町の路地は折々《おりおり》忍び返し*をつけたその出口からはるかに河岸《かし》通りのみならず、併《あわ》せて橋の欄干や過ぎ行く荷船《にぶね》の帆の一部分を望み得させる事がある。かくの如き光景はけだし逸品中の逸品である。

　路地はいかに精密なる東京市の地図にも決して明らかには描き出されていない。どこからはいってどこへ抜けられるか、あるいは何処へも抜けられず行止《ゆきどま》りになっているものか否か、それはけだしその路地に住んではじめて判然するので、一度や二度通り抜けたくらいでは容易に判明すべきものではない。路地には往々《おうおう》江戸時代から伝承し来《きた》った古い名称がある。すなわち中橋《なかばし》の狩野新道《かのうじんみち》というが如き歴史的由緒《ゆいしょ》あるものも尠《すくな》くない。しかしそれとてもその土地に住み古したものの間にのみ通用されべき名前であって、東京市の市政が認めてもって公《おおやけ》の町名となしたものはおそらくは一つもあるまい。路地はすなわちあくまで平民の間にのみ存在し了解されているのである。犬や猫が垣《かき》の破れや塀の隙間を見出して自然とその種属ばかりに限られた通路を作ると同じように、表通りに門戸《もんこ》を張ることの出来ぬ平民は大道と大道との間におのずから彼らの棲息に適当した路地を作ったのだ。路地は公然市政によって経営されたものではない。都市の面目《めんぼく》体裁品格とは全然関係なき別天地である。されば貴人の馬車富豪の自動車の地響きに午睡《ごすい》の夢を驚かさるる恐れなく、夏の夕《ゆうべ》は格子戸《こうしど》の外に裸体で涼む自由があり、冬の夜《よ》は置炬燵《おきごたつ》に隣家の三味線を聞く面白さがある。新聞買わずとも世間の噂は金棒《かなぼう》引き*の女房によって仔細に伝えられ、喘息《ぜんそく》持ちの隠居が咳嗽《せき》は頼まざるに夜通し泥棒の用心となる。かくの如く路地は一種いいがたき生活の悲哀のうちにおのずからまた深刻なる滑稽《こっけい》の情趣を伴《ともな》わせた小説的世界である。しかしてすべてこの世界のあくまで下世話《げせわ》なる感情と生活とはまたこの世界を構成する格子戸《こうしど》、溝板《どぶいた》、物干台《ものほしだい》、木戸口、忍返しなぞいう道具立てと一致している。この点よりして路地はまた渾然《こんぜん》たる芸術的調和の世界といわねばならぬ。

＊堂摺連　娘義太夫の熱烈なファン。
＊勧行場　明治・大正期に設立された、多様な小売店を集めた店舗。
＊忍び返し　防犯のため、塀などの上に先のとがった竹・木・鉄棒を並べ立てたもの。
＊金棒引き　うわさを大げさにふれまわる人。

（「三田文学」大正三年八月～四年六月／『日本の文学 十八巻』昭和四二年 中央公論社）

築地草

永井荷風

一　築地草《つきじぐさ》とはついじにおいまつわりし草とな思いたがいそ。すこし訳ありて半歳《はんとし》ばかり築地一丁目のとある路地裏に独棲《どくせい》せし折《おり》の事《こと》ども後《のち》の日の笑草《わらいぐさ》にもせばやと埒《らち》もなく書き記す文反古《ふみほご》ぞかし。寺院の垣に生《お》いまつわる蔦《つた》なりせば秋は楓《もみじ》に劣らず錦を織りぬべし。閑庭《かんてい》の四阿《あずまや》にからむ郁子《むべ》*　美男葛《びなんかつら》*なりせば冬猶《なお》緑の葉裏薄紅《うすくれない》添うる美しさ言うばかりなかるべきに我がちび筆の穂にたよるこの雑草に至りては夕日にぶらさがる烏瓜《からすうり》、露の中なる昼顔《ひるがお》の風情さえいと覚束《おぼつか》なかるべし。

一　序文めきたる筆癖《ふでぐせ》にこんな事書出《かきだ》せば、無駄な文句はそれこそなかなか築地川《つきじがわ》。汐《しお》と真水《まみず》の逢引橋《あいびきばし》に芸者が髱《たぼ》の永き日もいつか袷《あわせ》の軽子橋《かるこばし》、裾《すそ》吹《ふ》き払う川風に艶めく土地の有様をのぞきて見るも一興と、世を牛込《うしごめ》のはずれより誰やらが四十で知った四谷を過ぎ、室《むろ》の花なる糀町《こうじまち》、外桜田《そとさくらだ》の堀端《ほりばた》づたい三時間あまりの道のりを家財道具座右《ざゆう》の書物車四両《くるまよんりょう》ほどに積載《つみの》せてはるばるここまで引移《ひきうつ》りしは、乙卯《きのとう》の其の年も半ばに近く、銀座通《ぎんざどおり》の柳《やなぎ》かげには虫売《むしうり》の早《は》や荷《に》をおろす頃なりけり。

一　近くば寄って目に宮川《みやがわ》と云わずとも、これのみは遠くからでも匂《におい》で知れる鰻屋《うなぎや》の、隣に高き夏木立《なつこだち》。巌石《がんせき》あまた置き添えし思《おもい》がけなき閑静《かんせい》は庭師何某《にわしなにがし》が住居《すまい》とかや。電車行きかう路《みち》ばたまで一樹《いちじゅ》の老柳珊瑚樹《ろうりゅうさんごじゅ》と枝かわす小暗《おぐら》き蔭《かげ》を幸いと其《それ》また隣は知る人のみぞ知る湖鶴楼《こかくろう》、名前は大層唐《たいそうから》めきたれどまことは芸者の出入《でいり》致さぬ待合《まちあい》、素人《しろうと》専門女中が万事の御用をたす家とかや。供待《ともまち》の自動車夕暮《ゆうぐれ》より河岸《かし》通《どおり》に居並《いなら》ぶかの瓢家《ひさごや》と背中合《あわ》せぞ浮世《うきよ》なる。

一　さても此方《こなた》の側《がわ》には紺屋《こんや》の物干《ものほし》、橋の彼方《かなた》なる新富座の景気も糞《くそ》を喰《くら》えと空中に四季不断《しきふだん》の幟《のぼり》を翻《ひるがえ》す。その手前には青竹《あおたけ》の駒寄《こまよせ》*いつも新《あたら》しきナグリ*の板塀《いたべい》越し、椎《しい》の老木《おいき》の一枝《ひとえだ》、折《おり》しも若芽の緑道《みどりみち》のほとりにさし翳《かざ》したる一構《ひとかまえ》、これ先代の衣《え》鉢《はつ》をついで其の名ますますあがる清元梅吉《きよもとうめきち》*が住居《すまい》とぞ。隣には仏師屋《ぶっしや》の硝子戸口《がらすどぐち》仏壇仏像置き並べたる処僅《ところわずか》に人力車通《つう》ずる程の路地一筋《ひとすじ》あり。このはずれにおのれが借りたる二階建《にかいだて》、上は十畳六畳、下は三畳八畳六畳にして家賃二十六円、近き頃まで待合《まちあい》なりしとか、大家《おおや》さまは団菊盛《だんきくさかり》の頃歌舞伎座の留場《とめば》に顔の売れたるよき老人と、聞いて見ればどうやらわが身も桜痴《おうち》先生*在世《ざいせい》の頃見覚えあるような顔。不思議な縁なり。

一　路地の内には待合妾宅《しょうたく》のたぐい多し。さればや屋根裏の物干竿《ものほしざお》に下弦の月かかる頃酔客《すいきゃく》を扶《たす》け送る妓女《ぎじょ》の嬌声《きょうせい》溝板《どぶいた》に眠る犬を驚《おどろか》し、真昼間《まっぴるま》旦那《だんな》といちゃつく御《お》妾《めかけ》の鼻声は屋根づたいに背をのす猫の鳴声《なきごえ》にまがう。爪弾《つまびき》の小唄は常にわが壁隣《かべどなり》につづき新内《しんない》の流しは夜毎《よごと》窓外《そうがい》に雨の来《きた》るが如し。

一　路地を抜けて裏通《うらどおり》に出づれば八百万とよぶ八百屋が店を取払《とりはら》い杵屋《きねや》勘五郎《かんごろう》*が住居《すまい》当世風《とうせいふう》のいかめしき破風造《はふづくり》の普請《ふしん》最中。鑿《のみ》金槌《かなづち》の響《ひびき》朝まだきより向側《むこうがわ》なる岸《きし》澤《ざわ》式佐《しきさ》*が家の稽古三味線に打交《うちまじ》りしもしばしが程なりけり。秋立《あきた》ちそむるより早くも普請は出来上《できあが》りて上方風《かみがたふう》なる土塀のはばきに稽古通《けいこがよい》の美女が姿忽《たちまち》道行く人の目をぞ惹《ひ》きそめける。

一　転宅《てんたく》の翌日《あくるひ》は鉄砲洲《てっぽうず》浪除稲荷《なみよけいなり》の御祭礼に当《あた》りけり。しかも今年は例年になき賑《にぎわ》いの由《よし》電車通《でんしゃどおり》には飾物《かざりもの》二三箇所に及びたり。一丁目紺屋が店のほとりには御祭《おまつり》佐《さ》七《しち》を見立てたる造り庭、不折《ふせつ》一流の六朝《りくちょう》文字に碧梧桐《へきごとう》一派が新俳句の二三句も見えたるは一丁目の地主渋谷氏《しぶやうじ》が好みとぞ聞《きこ》えし。昼中《ひるなか》は行列組んで町内の若い者獅《し》子《し》頭《がしら》引出《ひきい》で練り歩む騒ぎ名所絵《めいしょえ》に見る昔のさまに異《こと》ならず。暮れては岸澤式佐が家のほとりに踊屋台《おどりやたい》引据《ひきす》えて巳佐吉《みさきち》*が三味線も太夫《たいふ》も皆名《みなな》あるもののみ出語《でがた》りせしはこの町内ならでは出来ぬ事と土地の自慢も道理たり。

一　われ胃を病むこと久しければ朝まだき居留地を歩み佃《つくだ》の渡《わたし》わたりて住吉神社《すみよしじんじゃ》の参詣をばその日その日のつとめとなしぬ。佃島《つくだじま》今は全く漁村の趣《おもむき》を失いたれど猶《なお》貝殻捨てし路《みち》のほとりに碇《いかり》を引上《ひきあ》げ人家の軒に投網《とあみ》を干したるなぞ佃煮売る家の小旗《こばた》と共に捨てがたき眺《ながめ》なり。渡船《わたしぶね》にて折々艶《おりおりなま》めかしき姿したる女と乗り合う。漁家《ぎょか》の娘の身を売りたるが親の病なぞ訪《と》い来《きた》るにやあらんかとわれ例のわけもなき空想に耽《ふけ》るもをかし。

一　梅雨《つゆ》となりて今年はわけて暴風《あらし》模様の日多かりしかば住吉詣《すみよしもうで》もいつしかおろそかになりぬ。其頃《そのころ》より新富町の裏手を流るる堀割《ほりわり》づたい八丁堀の講釈場に半日《はんにち》を暮《くら》しけり。

一　八丁堀には向《むか》い合《あい》て講釈場二軒もあり。路地の奥なる寿亭《ことぶきてい》とかよぶもの家も古びて薄暗《うすぐら》く昔めきてよし。勝手口に葡萄棚《ぶどうだな》ありしと覚えしが其のさま人情本《にんじょうぼん》の挿《さし》絵《え》なぞ見るようにて今に忘れがたし。

一　講釈というもの久しく聴きたる事なかりき。今はいづれも故人となりし邑井一《むらいはじめ》小金井蘆洲《こがねいろしゅう》〔二代目〕なども知らぬにはあらねど、そは話《はな》し家《か》の圓朝《えんちょう》義太夫《ぎだゆう》の播《はり》磨太夫《まだいふ》など聞き歩みし頃のことにて数うれば二十余年の昔なり。然るに去年ふと須《す》田町《だちょう》の四辻《よつつじ》にて俄雨《にわかあめ》に逢い柳原《やなぎはら》の小柳亭《こやなぎてい》に駆け込みし時一立斎文慶《いちりゅうさいぶんけい》が村井長庵《むらいちょうあん》の一席《いっせき》聞きしより講釈をば此《こ》の上もなく嬉しきものに思いそれよりは大久保の家の遠きをいとわず折《おり》あれば金車《きんしゃ》小柳《こやなぎ》福本《ふくもと》あたりの破畳《やぶれだたみ》に半日を寝そべりぬ。

一　当今《とうこん》の世《よ》都下《とか》の劇場電気灯燈徒《いたずら》に明《あか》くして俳優の技芸ますます邪道に陥り、落語は只一人《ただひとり》の真打《しんうち》を待たせんが為に数番のステテコを演ぜしめ、長唄は謡曲を模して至れりとなし清元《きよもと》は一中《いっちゅう》河東《かとう》を犯《おか》して上品がる。皆その本領を没却《ぼっきゃく》して顧《かえり》みざるの有様かかる芸道の末世にありてわれ偶然一立斎文慶が講釈を聴きそぞろ感涙を催《もよお》しけり。

一　かえすがえす文慶は惜しき事《こと》してけり。文慶が訃《ふ》世《よ》に伝わりしは今年の春かと覚ゆ。都新聞《みやこしんぶん》の紙上にそのころ委《くわ》しき伝《でん》出《い》でたれば人猶《ひとなお》記憶すべし。われ文慶を尊敬して止《や》まざるは此人《このひと》三十年来紳士の宴席に招かるる事あるも決して行《ゆ》かず、これ其の芸を縛らるる事を快《こころよ》しとせざるが為《ため》なりとて、高座にても憚《はばか》る所なく当世《とうせい》紳士の無智を罵《ののし》り併《あわ》せて新聞屋の芸評を嘲《あざけ》るが故なり。文慶は宝井馬琴《たからいばきん》と共に誠に痛快なる当世の罵倒家なり。そもそも嘲世罵俗《ちょうせいばぞく》以《もっ》て人の頤《おとがい》を解《とか》しむるは男根の形したる木を以て机を叩きしかの風流志道軒《ふうりゅうしどうけん》*以来此の道の本意ならん歟《か》。

一　講釈通《こうしゃくつう》の説を叩くに当今斯道《とうこんしどう》の上手《じょうず》は錦城斎典山《きんじょうさいてんざん》に肩をならぶるものなしとか。われこの人の小夜衣双紙《さよぎぬぞうし》天保六歌仙《てんぽうろっかせん》伊賀《いが》の水月《すいげつ》佐野治郎左衛門《さのじろざえもん》など皆心して聴きたり。誠に人のいうごとく上手には相違なけれど何となくその芸に衒気《げんき》*あるが如く思わるるは大《おおい》に惜しむべし。典山はおのれの芸をばあまりに無駄なきようにと心掛け、聞くものをして深くおのれの芸に感服せしめんものとあまりに苦心し過ぎるが為《た》めか、却《かえっ》て自由奔放の気を失い手奇麗《てぎれい》な細工物のようになりて其の芸往々せせこましく小さくなるの傾《かたむき》を免《まぬが》れず。これ正《まさ》に五代目菊五郎の舞台にも比すべきにや。われ典山の技《ぎ》を以て上手過ぎたりと云わんとす。

一　世人屢々《せじんしばしば》神田伯山を以て典山に対せしめんとするが如し。然《しか》れども今日《こんにち》の伯山は決して典山に拮抗し得《う》べきものならず。もし伯山を論ぜば伊東陵潮《いとうりょうちょう》こそ其の好敵手なるべけれ。伯山が清水の治郎長《じろちょう》を聞くに其の芸愛嬌もあり勢《いきおい》もありて誠によしと雖《いえども》そは唯《ただ》一晩の事なり。二晩三晩《ふたばんみばん》とつづけて聞けば其の調子いつも同じようにて忽《たちまち》人を飽《あ》かしむ。花やかなるのみにて実少《じつすくな》きは伯山の技《ぎ》未《いまだ》至《いた》らざる所ならずや。彼は弁舌極めて流暢《りゅうちょう》なれども種々《しゅじゅ》なる階級の人物を舌頭《ぜっとう》に活躍せしむる事典山に及ばず。典山に至りては片言隻語《へんげんせきご》よく町人《ちょうにん》武士《ぶし》大名《だいみょう》侠客《きょうかく》妓女《ぎじょ》妻妾《さいしょう》の面目を聴者の眼前に髣髴《ほうふつ》たらしむ。誠に得がたき芸なりというべし。典山をして今一歩を進めて所謂《いわゆる》名人の域に入《い》らしめんとせばそは唯《ただ》無邪気になりて人に聴かすという心を去らしめん事のみ。願《ねが》くはあまりに細心に過《す》ぐる事勿《ことなか》れ。然《しか》らば円熟老練の技《ぎ》おのずから自由自然の余裕を生じて天下一品のものたるに至らん歟《か》。

一 松鯉《しょうり》〔初代〕馬琴《ばきん》〔四代目〕は斯界《しかい》の古老なりと云う。われ松鯉の水滸伝《すいこでん》を聞きて漫《そぞろ》に国芳《くによし》が錦絵《にしきえ》の筆力と彩色《さいしき》を思出《おもいい》でたり。松鯉の芸は一席二席位にてはこれと感心する処《ところ》なけれど日毎日毎《ひごとひごと》に聞き行《ゆ》けば何処《どこ》と云われぬ処にうま味生じ来《きた》りて忘れられず、これ等《ら》を以て真の老練と云うならんか。馬琴は松鯉に比すれば一廻《ひとまわ》りも若きだけはでな処あり。この人弁舌もさして流暢と云うにはあらず音声も濁りて調子に変化少なけれどいつも元気よく高座にてしゃべる事如何《いか》にも愉快そうに見え聞く人自《おのずか》ら愉快となる。江戸児《えどっこ》の痛快なる罵倒は文慶なき後この人を除きてまた他《た》に聞くべからず。幸《さいわい》に老いてますます壮《さかん》なれ。

一　小金井蘆洲《こがねいろしゅう》を聴きしは僅《わずか》両《りょう》三度に過ぎず。果《はた》してその得意とする処《ところ》の読物の何《なん》たるや定連《じょうれん》ならぬ我には知る由《よし》なけれど其の技《ぎ》其の年配おのずから斯道《しどう》一方の棟《とう》梁《りょう》たるを示して余りあり。一体《いったい》の読《よ》み振《ぶ》り伯山の如くはでならず又《また》典山の如く繊《せん》巧《こう》ならざる処《ところ》自《おのずか》ら悠然として迫らざる趣《おもむき》を生じ楽に話を聞かせる事此人《ことこのひと》の一流と覚えたり。蓋《けだ》し多年熟練の功《こう》なるべし。

一　正流斎南窓《しょうりゅうさいなんそう》は今幾代目を継ぎし人にや、われ其の技《ぎ》よりも先《まず》其の怪偉《かいい》なる容貌と風采とを喜び迎《むか》う。海坊主のような肥満の老人黄八丈《きはちじょう》の二枚重《にまいがさね》に牡丹餅《ぼたもち》大の五紋《いつつもん》つけたる浅葱羽二重《あさぎはぶたえ》の羽織着て、便々《べんべん》たる太腹《ふとばら》より音吐朗々《おんとろうろう》として読出《よみいづ》る修羅場の軍談両国《りょうごく》の昔も思出《おもいいで》らる心地す。総じて講談師の風采老壮《ふうさいろうそう》の別なく当世らしからぬこそよけれ。伯山のにがみ走《ばし》り面長《おもなが》の両鬢《りょうびん》深く抜け上りたるは何となく親分らしく典山の狢顔《むじながお》して客を馬鹿にしたようなる、蘆洲の書生羽織《しょせいばおり》に白縮緬《しろちりめん》の兵児帯《へこおび》太く巻き付けたる、或《あるい》は英昌《えいしょう》〔清草舎英昌〕が市楽《いちらく》の小袖《こそで》ひけらかしたるなぞ皆当世のものならず。

一　義太夫語《ぎだゆうがたり》は故人大隅《おおすみ》*の如く偉大なるこそ頼もしけれ。三味線弾きは背円《まる》くかがみて顔ひょっくりと突出《つきいだ》し肩衣《かたぎぬ》も取ってつけしがように似合わしからぬなど却《かえ》ってよきものなり。講釈師の美男なるは高座に適せず風采間の抜けざるは却って芸にすきある虞《おそれ》あり若手の連中《れんじゅう》心得《こころえ》べき事ぞかし。

一　われ講釈場に通いそめてより漸《ようや》く心付《こころづ》きしは講釈と芝居狂言との関係なり。狂言の筋立を講談続話《つづきばなし》などより取来《とりきた》れるものは両者を比較対照せん事、ただに作者が技倆《ぎりょう》の如何《いかん》を知らしむるのみに止《とど》まらず、引いて俳優の技芸を看《み》るにも亦《また》思いの外《ほか》の心得となること多し。流石《さすが》に岡鬼太郎《おかおにたろう》君*は劇評家の泰斗《たいと》なり。先頃帝国劇場《さきごろていこくげきじょう》髪結新三《かみゆいしんざ》の狂言に鬼太郎君は尾上松助《おのえまつすけ》の大屋《おおや》を称揚《しょうよう》するに当りて此の話を得意とせし落語家《はなしか》某《なにがし》が事を合《あわ》せ語られき。何《なん》にかぎらず芸評というものほど六《むず》ケ敷《しき》はなし。わけもなくあれは面白からずこれは陳腐なりと独天下《ひとりてんか》の芸術論する人の心ほど推測《おしまい》られぬはなし。

一　芝居と浄瑠璃と講釈とは其の演芸各々類《おのおのるい》を異《こと》にすれども動作を現し伝うる事を専《もっぱ》らとしこれを興味の中心となす処《ところ》一なり。人物の心理を描写し解剖せんとする時あれば之《こ》れが為《た》めに殊更《ことさら》にまた或《あ》る動作を設出《もうけいだ》して常に外面の変化よりして内面の如何を窺《うかが》わしめんとす。錦城斎典山は往々人物の胸中を語出《かたりいだ》して猶且《なおかつ》人を飽かしめざる処《ところ》あり。非凡の芸というべし。

一　芝居の殺し捕物立廻《とりものたちまわ》りは講談にても亦興味の中心なり。近頃の芝居は変梃《へんてこ》に西洋がかりて糊紅《のりべに》を見せる事稀《ことまれ》にとんぼ返りも奇麗には行《ゆ》かぬようになりたる折から流石《さすが》講談界には猶江戸伝来の特技を磨く者の絶えざるこそ嬉しき限りなれ。

一　佐野治郎左衛門が吉原百人斬《ぎり》荒木又右衛門《またえもん》が伊賀越《いがごえ》の仇討《かたきうち》など耳にきく講釈と目に見る芝居の立廻《たちまわ》りを思くらぶるに目に見るものよりは耳にきくものこそ気合迫りて凄味深《すごみふか》けれ。怪談に至りて更にこの感あり。

一　盆過ぎてよりは炎天の日盛《ひざか》り歩むに苦しければ講釈場へもおのずと足遠くなりて、我家の二階の窓南向《まどみなみむき》の風入《かぜいり》よきを幸い独《ひとり》棲みの家の中憚《うちはばか》るものなければひろびろと明け放ち唯《ただ》午夢《ごむ》をのみ貪《むさぼ》るに今年の夏ばかり蟬の声聞かねば、寝覚《ねざめ》の手枕《たまくら》何となく異様の心地して、折々は遠く旅に在るが如き思《おもい》するが如き思《おもい》するもをかしけり。

＊郁子　アケビ科ムベ属の常緑つる性木本植物。
＊美男葛　サネカズラ。マツブサ科サネカズラ属の常緑蔓性木本植物。
＊駒寄　駒寄垣。軒下にある柵。
＊ナグリ　丸太や板の表面にほどこす加工。
＊清元梅吉　清元節三味線方の名跡。

＊桜痴先生　福地桜痴。明治の新聞記者、小説家、劇作家。歌舞伎座を創設した。
＊杵屋勘五郎　長唄三味線方の名跡。
＊岸澤式佐　常磐津節の三味線方の名跡。
＊巳佐吉　常磐津節の三味線方の名跡。
＊風流志道軒　江戸期の講釈師・深井志道軒。平賀源内が『風流志道軒伝』の主人公として描いた。
＊衒気　自分の才能を見せびらかす気持ち。
＊大隅　竹本大隅太夫。義太夫節の太夫の名跡。
＊岡鬼太郎　劇評家、歌舞伎作家。

（「娯楽世界」大正五年一月～二月／『荷風全集 第十一巻』昭和二三年　中央公論社）

鷗外、漱石、荷風と講釈

有竹修二

永井荷風の『腕くらべ』の女主人公、駒代《こまよ》は、新橋の尾花家《おばなや》という芸者屋の抱えだ。そのお母さんが十吉《じゅうきち》という老妓で、つれあいが、呉山《ござん》という講釈師である。名は木谷長次《きたにちょうじ》郎《ろう》、嘉永元年の生れ、旗本の嫡子で八代目三升《さんしょう》（八代目市川団十郎）そっくりの美男子、瓦解とともに子供のときから好きな道で覚えた講釈でたつこととなり、一山《いちざん》という軍書読みの弟子となり、呉山と名乗って高座に上ったが、生来の弁才と男前の立派なのとで、たちまち売りだし、やがて、新橋尾花家の娘の十吉に、さる贔屓《ひいき》のお座敷で見染められ、とうとうその亭主となった。

明治の東京の花街にありそうなことである。荷風は、こうした東京市井人的なあり方を趣味をもってみる人であるが、どうやら、この『腕くらべ』の一駒《こま》は、実在の人物、猫《びょう》遊軒伯知《ゆうけんはくち》（または松林伯知）をモデルにしたように察せられる。伯知は、名人松林伯圓《しょうりんはくえん》の弟子で、押し出しの立派なのと、美音で売出し、新橋の芸者屋の旦那になった。その家の抱えが、一人は、山県《やまがた》有朋《ありとも》の夫人となり、一人が、益田《ますだ》孝《たかし》の二号となったのは有名な話だ。呉山の描写は、多分に伯知のことを頭においてかかれたように思われる。芸者に惚れられ、芸者屋の兄さんになった講釈師には三代目神田伯山がいるが、伯山の場合は浅草の花柳界だし、人柄の描写が、いかにも伯知をモデルにしたらしい。呉山と文士倉山南巣との対話。また、昼間銭湯で、同業の芸者屋の主人と話しあうところなどは、いかにも旧幕時代の気分をもった江戸人の名残りらしいものが感ぜられる。さすがに、荷風散史の筆である。

実在の人伯知は、晩年、この小説中の人物呉山よりは、もっともっと老耄《ろうもう》していたが、たしかに江戸人らしい老人だった。東京のことをトウケイと発音した。東京をトウケイと呼ぶ人は大正時代には何人かいたが、今は一人もいない。

最近、講釈界の長老、邑井《むらい》貞吉《ていきち》からきいた話。松林伯圓も、こういう型の昔気質の江戸人であり、講釈師、いわゆる先生らしい品格をもった人だった。

神田のある席（色物席）で、当時人気の絶頂にあった圓遊《えんゆう》（鼻の圓遊）が高座にあがり、「地獄めぐり」という得意の話をやり、お客は、大喝采、ヤンヤと受けた。場内のざわめきは、圓遊が楽屋へおりて来てからも容易にやまない。ああ、こんなふうに悪受けしたあとは、やりにくい。楽屋の人々は、誰も顔を見廻してあがりたがらない。すると、楽屋の一隅にいた伯圓先生が、茶を出したり羽織をたたんだりして楽屋の世話をやいていた貞吉（当時吉彌《きちや》）に向って、「拙者があがりましょう」といった。拙者ときた。いかにも講釈の先生らしい。

松林伯圓は悠々高座にあがり、じっと客をねめつけ本を開いて、しばらく中身を読み、静々と「中山問答」を始めた。公卿《くぎょう》の中山大納言が、江戸へ降って幕府の当局者を相手に勤皇論を説くという、もっとも堅い、もっとも渋い講談を演じた。この堅い読物で、シトシト読んで、すっかり場内の客を魅了した。この伯圓先生、こうした堅いものとともに、「切られ与三郎《よさぶろう》」のような柔かい生世話物《きぜわもの》（町人世界を描いた世話物のうち、特に写実的な演目）を得意に演ずる。

独演会などでは、この硬軟両様、世話と時代を巧みに読みわけ、九代目団十郎と五代目菊五郎の芝居を一夜にみる想いをさせたそうである。

この貞吉の話で、講釈師らしいところがわかる。近世の名人といわれた錦城斎典山《きんじょうさいてんざん》は、世話物の名手だったが、堅いものも巧かった。「三方ヶ原《みかたがはら》」の如き修羅場も読み、「伊達《だて》評定《ひょうじょう》」のような金襖《きんぶすま》（お家騒動やお裁きを題材にした読み物）も得意だった。この世話と時代、硬軟自在の読みわけは、たしかに名人芸だった。浅野《あさの》内匠頭《たくみのかみ》と髪結新三《かみゆいしんざ》のつかいわけは、鮮やかなものだった。ところで、この人、花札を弄ぶことが好きだった。あるとき、浅草の金車亭《きんしゃ》という釈場の楽屋で甚語楼《じんごろう》（今日の志ん生）と勝負していた。すると、典山先生の高座へあがる時間がきたので、高座へ出て、一度演じ、楽屋へ降りて、勝負を続けるつもりだったが、そのとき、甚語楼の姿はみえない。はるかに勝っていた甚語楼は、典山が高座へあがると、えたりとばかり、ずらかったのである。このとき典山は、一言、「無礼な奴」といった。「無礼な奴」という一言とその調子が、いかにも講釈師の先生らしい、ということで、今でも典山の話題となっている。私はこの場合、ただ荷風が文壇人として珍しく講釈を愛する人であることだけをいうつもりだったのが、いつの間にやら脱線した。

　荷風は築地に住まうころ、毎日日課のように築地川の裏道づたいに、八丁堀の講釈場へ通った。今にして思えば、荷風は、今日の昭和通りの、も一つ東にあるいわゆる市場通りに近い路をとって、南八丁堀から岡崎町、北島町と通ったものと想像される。都電の桜橋と茅場町との間に、岡崎町と北島町と二つの停車場があった。その北島町で降りて右手の八丁堀馬場の通りにはいると、すぐ右側に、聞楽亭《ぶんらくてい》があり、左側、大路次《おおろうじ》と称する小路に寿亭《ことぶきてい》があった。二つともに講釈の定席《じょうせき》としてきこえた席だった。荷風は築地に居住する時代、毎日この二つの席のどっちかへきて、煙管《きせる》で煙草を喫いながら、いろんな講釈をきいた。そのことは彼の随筆に記述されているが、その文章の中で、荷風は名人典山の芸のうまさを十分認めながら、松鯉（二代目伯山。有名な「清水次郎長」を得意とする三代目伯山の師匠）の鷹揚《おうよう》なのんびりした芸を推賞しているのは、さすがである。

荷風が、あの、どすぐろい古めかしい八丁堀の席で、端然と坐って、講釈をきく姿は微笑ましいものである。

も一人、文人として講釈を愛した人、夏目漱石は、荷風のように、創作の中に講釈師を登場させることはない。が、その随筆『硝子戸《がらすど》の中《うち》』に、少年時代、毎日のように、日本橋瀬戸物町（今の三越のまん前）の伊勢本《いせもと》という寄席へ通って講釈をきいたことが書いてある。伊勢本は夜は色物がかかり、昼は講釈の定席だった。漱石は、どうしてあんなに講釈をききにゆく時間があったか、今考えるとむしろ不思議なくらいだといっている。漱石は、ここで、〝のんのん南龍〟という有名な軍書読みの名人をきき、当時琴凌《きんりょう》といった後の宝井馬琴《たからいばきん》（四代目）をきいた。『硝子戸の中』の一文には、この伊勢本の席の定連席だの、鶯《うぐいす》が来て啼きそうな庭だの、のんびりした明治初年の席亭風景を巧みに描写している。この文豪は、まだもっと幼い時分の高田の馬場附近の小さな講釈の席のことをかき残している。鳶《とび》の頭《かしら》が経営していたというその席は、いかにも東京の場末の席らしい閑静な感じが出ていておもしろい。この席にはいつも南麟《なんりん》という講釈師のみが出てお客が十五、六人しかない、というのも、私たちが想像できる端席《はせき》の姿である。

荷風が講釈場通いをしたということとともに、漱石が、少年時代、お母さんから小遣いをもらっては、日毎《ひごと》講釈場へ通った、という彼の随筆ほど私を喜ばせたものはない。もひとつは、森鷗外《もりおうがい》だ。この人も少年青年時代、日夜、講釈をきいて廻った。しかも、この鷗外の青少年時代には、南龍、如燕《じょえん》、燕尾《えんび》、伯圓に、邑井一《はじめ》、一立斎文車《いちりゅうさいぶんしゃ》といった名人上手が雲の如く輩出した時代であった。鷗外は、若い時代、芝居寄席を好み、昼となく夜となく、この種の演芸をみききして廻った。貸本屋が背負って来る貸本を片っぱしから読んだこの文豪は、即《すなわ》ち物語を愛する人で、講談も好み、たいていの講釈はきいて知っていた。

鷗外はいかに講釈の通であるかは、その作品『鈴木藤吉郎《とうきちろう》』を読むと知れる。『鈴木藤吉郎』は、講談「安政三組盃《あんせいみつぐみさかずき》」の三人の主人公の一人、江戸の与力《よりき》、鈴木藤吉郎の事蹟《じせき》をかいたものである。

「三組盃」の方は、藤吉郎と杉田大内蔵という上野の宮侍と津の国屋小染という三人を主人公とし、三組盃と称したものだ。この三人の間にいろいろの葛藤を生ずる。鷗外の作品はこの鈴木の子孫と称する人から、講談ないし世上に流布された説の謬妄《びゅうもう》を訴えられ、いろいろ調査して、実録『鈴木藤吉郎』をものした。

この一文は、鷗外がいかに講釈通であるかを詳知せしめるものである。彼は「鈴木」の実録を記すに先だち、伯圓作の講談「三組盃」を巨細に説明する。そのかき方は、この読物を得意に演じた小金井《こがねい》蘆洲《ろしゅう》等の弁舌以上に精細をきわめ、鷗外が講釈通であることを知らしめるものである。

彼の作品には考証が多いといわれ、本人もそのことを気にしている。が、講釈師はよく話の途中、いろんな「引き事」をしゃべるが、お客はきらわない。みな、喜んでそれをきく。――といって、彼もいつも引き事傍証を、記述することをやめなかった。

何にしても漱石、鷗外、荷風が、ともに西欧の文学を受入れつつ、寄席芸能中もっとも古めかしい講釈を好んだことはたのもしい。

（『講談・伝統の話芸』昭和四八年　朝日新聞社）

席亭の風景

有竹修二

文豪漱石、鷗外、荷風の三人が揃って講談好きで、釈場通いをしたということは、この社会にとって大いに誇っていいことだと思う。ことに、鷗外と漱石は少年時代に毎日のように寄席に通ったことをその著書の中に書いている。漱石の『硝子戸の中』は、しばしば南鶴《なんかく》先生（田辺南鶴。機関誌「講談研究」を創刊）が何かに引用しておられるが、私も、この随筆の中にある講釈場のことを書いた一節を繰返し読む。漱石は、この一節のうちに、二軒の釈場を描いている。一つは自分の生家である高田の馬場にあった侘《わび》しい端席《はせき》だ。「江戸絵図で見ても、朱引内《しゅびきうち》か朱引外《しゅびきそと》か分らない辺鄙《へんぴ》な隅の方にあったに違ない」小さな宿場としか思われない、寂れきって淋しいところ。堀部安兵衛《ほりべやすべえ》が、高田の馬場で敵を討つときに立ち寄って、桝酒《ますざけ》を呑んだ小倉《こぐら》屋という酒屋があり、そこの娘のお北さんがいつも長唄の稽古《けいこ》をしていたこと、「やっちゃ場」があり、そこの娘が講釈師の貞水《ていすい》と好い仲になったこと、深い竹藪のある西閑寺《せいかんじ》という寺のことなどが書かれ「豆腐屋の隣に寄席《よせ》が一軒あったのを、私は夢幻《ゆめうつつ》のようにまだ覚えている」と、これから、講釈場の話に移る。

「こんな場末《ばすえ》に人寄場《ひとよせば》のあろうはずがないというのが、私の記憶に霞《かすみ》を掛けるせいだろう」と漱石が書いているが、明治の初めのころにこのような淋しい場末に、このような人寄場があったこと、しかも、その席の有様はほぼ私にも想像がつく。席亭の主人は、町内の鳶頭《とびがしら》で、ときどき、盲縞《めくらじま》の腹掛に赤い筋の入った印半纏《しるしばんてん》を着て、突っ掛け草履か何かでよく表を歩いていた。お藤さんという容色のいい娘がいて、口髯《くちひげ》を生やした立派な男が養子に来た。軒先《のきさき》には薄暗い看板がかかり、客の頭数はいつも十五か二十くらい、出演する先生は「南鱗《なんりん》」にきまっていた。――なるほど、この漱石が描くような端席が、東京の朱引内と朱引外との境目といったところにあった有様が、およそ私にも見当がつくのである。大震災で市中の席がほとんど皆焼けたとき、根岸の奥、日暮里の侘しい町の中にあった「鈴木亭」というのに講釈がかかったので私は泥濘《でいねい》の道を辿《たど》り辿り、やっとのことでその席を探しあてたが、この鈴木亭なるものがちょっと、この漱石の語る高田の馬場の席に似たようなものであった。

　こんなところに人寄場があって成立つのかと思うような端席の風景はなつかしい。私はあるとき、目黒の駅近い横丁（それはお妾横丁と呼ばれるしもたやばかり並んだ路次だった）を入って左側にあった「永峯演芸場」というのに、虎造〔広沢虎造。浪曲師〕がかかったので行ったことがあった。虎造の前に綾太郎〔浪花亭綾太郎。浪曲師〕が出て大入りだったが、これが淋しい端席の標本のようなところだった。第一、永峯という名前がピンとこなかったが、後にこの場所を、もと永峯町といったと知って、やっとうなずけた。

先代馬琴〔四代目〕から、明治初年にあった古い講釈場のことを聴いたが、三田の春日様という神社の境内に「春日」という亭があったときいた。春日神社は三田の通り、慶応義塾のすぐ下にある祠《ほこら》だが、この狭い境内に席亭があったというのが、ちょっと合点がいきかねる。また西ノ窪の切通しにもあったという。明治初年だと狼が出そうなところと思われるが、そんなところにも釈場があったのだ。

そういえば、麻布十番は賑やかなところだが、あの一ノ橋のそばにあった「一之亭」も端席らしい小さなものだった。芝愛宕《あたご》下の「桃桜亭」もそうだった。ここは、先代桃川如《ももかわじょ》燕《えん》〔二代目〕の所有だったそうだが、いつも客の頭数が十五か二十の淋しい席だった。日蔭町の通りが一種の気分のあるところだったが、その通りからちょっと脇へ入ったところにあるこの席、そこには私が通うころにも、頭髪の油が滲みた木枕や、やや細長い掛布団があった。

下谷佐竹の「寿《ことぶき》亭」、本所三ッ目の「新小柳《こやなぎ》」なども淋しいところだった。江戸川公園にあった「江戸川亭」も、階下に江戸川の流れをきく、淋しい感じだった。

さて漱石の描くもひとつの席は、日本橋瀬戸物町にあった「伊勢本」。これはまた、高田の馬場の端席とは打って変ったお江戸のまん中、日本橋。富裕な商家の旦那や御隠居さんを定連に持つ一流の席だ。高座の右手に帳場格子のような仕切りを立廻した定連席があり、相応な服装をした人がそこに陣取り、ときどき呑気《のんき》そうに袂《たもと》から毛抜などを出して根気よく鼻毛を抜く。長閑《のどか》な日には鶯《うぐいす》が来て啼きそうな梅の古木が、井桁《いげた》の上に突き出た庭が、高座の後ろにある。窮屈な感じのしないほどの大空が、縁から仰がれる。その庭をへだてて東に離れ座敷のような建物が見える。漱石の伊勢本の描写はまことにこまやかである。もっとも伊勢本は、夜は色物席、昼間だけが講釈だったが、いかにも下町の一流席の感じが出ている。

私は、この席を知らないが、室町の鮪問屋の竹八さんという人からこの席のことをきいた。私たちの知る席で、このような感じのするのは、神田の「小柳亭」であろう。震災前のこの席は、高座の後ろに硝子戸があり、庭があった。梅の古木かなにか知らないが植込みがあり、井桁もあったようだ。その左手に便所があった。高座がお寺の高座式で五尺四方くらいに切りたて、出演者は、木戸の右手にある楽屋から渡りを歩んで高座に昇った。真打が出るときは、座布団を厚いいいのと取替え、お弟子が袱紗《ふくさ》に張扇と扇子をくるんだのを持って来て、釈台の上に置いてゆくのも釈場風景だった。左手がハメになっており、右手が障子屋台で細長いタタキの廊下があり、定連の履物はそこに並べられた。

浅草の「金車亭《きんしゃ》」も、座席の廻りに庭があった。伯山（三代目）が出て大入り満員のとき、この縁先で腰を掛けてきいたことがあった。高座の背後に空地があり、裏木戸からはいって来る出演者の顔が客席から見えた。夏帽を目深に冠《かぶ》って微笑しながら楽屋にはいってゆく伯山の姿は、私の眼底に残っている。この席にも一隅に青竹をめぐらした定連席が設けられ、銘仙の座布団にお茶道具がおいてあり、そこに坐った二、三の客がしきりと釣りの話かなんかをしている風景が見られた。

八丁堀の「寿亭」にも狭いながら小庭があり、便所から出て来て、その庭にある手水《ちょうず》鉢《ばち》で手を洗った先代馬琴に、片膝ついて、手拭を差出していた琴柳（後の神田光陽）（後に馬場光陽と改名）を見たのが、私の記憶にある。

四谷杉大門の「若柳亭」にも高座に向って右手に庭があり、長閑《のどか》な陽ざしが障子に映った。私は、この昼席で典山《てんざん》の「村井《むらい》長庵《ちょうあん》」を聴きに通った。典山は、三代目小さんに頼まれて、ときどきここの昼席を受けもった。

永代橋《えいたいばし》の向う黒江町《くろえちょう》の通りの右側にあった「桜館」（桜亭）へ伯山が出た。かなり広い、そして通りからちょっと引込んでいるので静かな席だった。伯山は「夕立勘五郎」だったが、前に今の伯山の五山（五代目伯山）が出て「琵琶歌」という新物を読んでいた。この席もなんとなく記憶に残るところだ。

（『講談・伝統の話芸』昭和四八年　朝日新聞社）

八丁堀一夕話

有竹修二

八丁堀の聞楽亭《ぶんらくてい》は私にとって、なつかしい席である。それは私が釈場通いを始めて、比較的初期のころに通った席で、震災前のその木戸口から、席の中の風景をありありとおぼえている。高座の左手の壁にかかった大きな柱時計。それは、音を発しないようにできていた。その時計の下に、いつも高齢の老人が坐っていた。この席主の祖父、五十嵐要助という老人で、大正十二年三月十三日、九十一歳で死んだ。死んでからは、その写真が楣間《びかん》〔長押の間〕に飾ってあった。この老人は、いつも黙々として、半睡状態で講釈をきくともなしに坐っていた。ときどき中番の女中が、ぬれ手拭《てぬぐい》で、この老人の顔をふいてやった。ついでだが、この女中が、中年のふとりじしの婦人で、どこか色っぽいところがあった。主人五十嵐亀一郎さんが語るところによると、この女中はおあさといって、よく働いたが、腸チフスを患って、駒込病院に入院、治療の甲斐なく死んだ。このおあさは秋田の生れで、郷里にこのことを通知したら、お願いだからそちらで処置して下さい、というので、聞楽亭の方で葬いをして、お骨にして秋田へ送ったということであった。ところで、死んでから判ったのだが、この婦人は前身が洲崎《すざき》の女郎であったということである。道理で、どこか色っぽいところがあると思った。が、女郎上りの婦人にしては、マメマメしく働いていたものである。私は五十嵐さんから、この話をきいて、なんだか廣津《ひろつ》柳浪《りゅうろう》の小説にでも出てきそうな女、秋田に生れ、東京の洲崎の廓《くるわ》に売られ、八丁堀の講釈場の中番に働き、病死したという、なんとなく哀れな女の生涯を、いろいろに想像してみた。

　おそらく、席亭が定連のたれかにたのまれて使ったのであろう。それ以上は五十嵐さんは語らない。

　私はこの席の夜講によく通ったが、典山が真打《とり》のとき、彼が、ほとんど席へ来ない。毎夜のように抜いたことがあった。すると、つなぎを読んでいる放牛舎桃林《ほうぎゅうしゃとうりん》が代りをつとめた。この時代に抜く（欠席）ということは、それほど珍しいことでなく、真打が抜いたら、その人を目あてに来る客は憤《おこ》りそうなものだが、たれも憤らない。平気で代講の話をきいていたものである。

　典山は、郷誠《ごうせい》之助《のすけ》〔実業家〕に可愛がられた。そしてこの財界の大立者の引きで築地の田中家、新喜楽《きらく》、蜂龍《ほうりゅう》といったお茶屋でお座敷をつとめるのみか、郷のお相手にお花を引くことが多く、自然講釈場の方は失敬することがしばしばあったらしい。

この席ですぐ目についたのは、盲人の徳永里朝《とくながりちょう》という三味線《しゃみせん》の名人が、毎夜のように通って来て、高座の右手に坐っている姿であった。築地の四つ角の瀬戸物屋の近所にすまいがあり、いつも女中さんが手を引いて来る。そして帰る時分には迎えに来た。五十嵐さんの話によると、帰りには俥夫が来て、俥に乗って帰ることもあったらしい。大変な講釈好きで、昼席にきて、そのまま残り、席の向う側にある槌家《つちや》という天ぷら屋から天丼を取って食べ、夜講まできいて帰ることも珍しくなかったそうである。同じ盲人のお琴の先生今井慶松《けいしょう》さんと二人でつれだって来ることもあったという（この今井慶松さんは大層の講釈ファンで、神田の小柳亭でもよくみかけた）。

定連と称するものは、各席にそれぞれあったが、五十嵐さんの語るこの席の定連の話は、江戸情調の漂う興味ある物語である。京橋の大根河岸《だいこんがし》は、一またぎである。日本橋の魚河岸もそれほど遠くない。この両市場の問屋さんはいいお客である。河岸の仕事は朝が早く昼すぎには片づくので、それから釈場へやって来る。それに町内持ちの鳶《とび》の人たちも定連である。町内のお店《たな》を一通り廻ってから釈場へやって来る。

聞楽亭の奥の一間が、こうした定連の倶楽部になっている。あたかも髪結床《かみゆいどこ》が若い人のたまりであったように、講釈場は町々の中年老人の倶楽部であったのだ。鳶職では、ろ組の大頭取丑右衛門頭《がしら》がもっとも老齢で、いつも高座を背中にして聴く人であった。上町の桝太郎吉、三代《みしろ》町の照吉、岡崎町の岡吉をはじめ、水谷町、亀島町、松屋町、新右衛門町、槙町、大鋸町、中橋などの頭手合《かしらてあい》。魚河岸では、神茂《かんも》、須賀新《すがしん》、明三《あかさん》、伊勢辰《いせたつ》、つま万《まん》。大根河岸では、伊勢東、伊勢喜、林亀といった人々。そのほか、大工、左官、屋根職などの親方衆。みんな丁場《ちょうば》廻りをして、二時頃には昼席にやって来る。こうした定連は、みな坐るところがきまっていた。中番もそれを心得ていて、おのおの好みの席に座布団をおく。

　席亭として、定連のところへ年賀とお中元の挨拶に廻るのに四、五日もかかった。席亭の欄間には、定連の名前の入った招き板（千社板額）が並び、土瓶と茶碗を載せる板盆にも、おのおのの名前を刻みつけ、俄雨《にわかあめ》のとき出す番傘も、小岩の問屋に註文して造ったのがおいてある。こうした一切の費用として、幹事が、月々会費を取り、出演者の替り目に楽屋下足、中番、女中たちの心附も図らう。また、月に一度は、酒宴をひらき、講釈界発展のことから、席亭の客の扱い方などについて、注意をしたりしたものである。

　こうした話をきくと、震災前の東京下町の親睦平和の姿がおもい出されてなつかしい。落語の「二番煎《せん》じ」にあるムードと同じで、いまの東京には、もはやカケラも見られない。

　五十嵐さんの話はてんめんとしてつきない。昨年（昭和四十七年）故人となった新派の英《はなぶさ》太郎もときどき来たとのこと。

定連は各席にそれぞれあったわけだが、神田小柳亭、白梅《はくばい》亭の定連は、やはり多町の青物問屋と日本橋魚河岸のお客で、万事派手であった。月に一度、出演者の主だったものを「神田川」に招待したそうである。邑井《むらい》貞吉《ていきち》師は前座時代、自分も早く真打になって「神田川」に呼ばれ、うなぎを食べたいものだと思ったと語っている。

五十嵐さんの席では、夜講が終って、しばらくすると「お待遠《まちどお》さま」といって、三代町の更科から蕎麦が何人前か届く。定連が夜講の帰りに蕎麦屋で一杯やるとき、席亭の下足、中番、女中らに頭数だけ、註文して届けてよこすのである。こうした定連たちの江戸気分は、講釈場だけの風習に残されていたのである。

席亭が、出演者の替り月に「初日迎え」というのをやる。つまり席亭の主人が、手土産を持って、出演する講釈師の先生の宅を訪問する。すると先生の方でも膳部を出してもてなす。これを初日迎えと称した。

講釈師が席亭から金を借りることが常習的にあった。前座が、もっとも借りる。五十嵐さんの話によると、張扇製作者の一龍斎貞海は、神茂《かんも》の半ぺんを持って来ると無心にきまっている。煙重《けむじゅう》の異名で知られた松林圓盛は、酒悦《しゅえつ》の福神漬を持って来る。貞海の半ぺんと圓盛の福神漬は苦手だったという。

聞楽亭の主人はよほど裕福であったらしい。神田松鯉は、「ここのおかみさんは金の貸しっぷりがいい」と、この席の高座で冗談口をたたいていた。年の暮れになると、たいていの人が借りた。ことに、前座の連中は、年末の独演会をやるわけでなく、ふところが苦しい。そこでみな席亭から借金する。蓁々斎桃葉《しんしんさいとうよう》のように大家で、年末にも金を借りる必要がないのだが、威張っているようで悪いから、借りることは借りる。そして正月七草のうちに、手のきれるような札で返す人もあったという。

　夏目漱石が『硝子戸の中』に描いた日本橋瀬戸物町の伊勢本《いせもと》にあったような定連席は、浅草の金車《きんしゃ》亭にもあった。席の一隅に帳場格子のようなもので仕切ったところがあり、そこに二、三人定連らしい人が坐っている。座布団も一般の席のとは違って、銘仙の小綺麗なのが数枚敷かれ、茶の道具も一般の客のと違ったのが並べてある。私はその席近くに坐ったことがあったが、定連の人たちは、釣りの話をしきりとやっていた。みな裕福で生活に心配のない人たちで、いかにも呑気そうにみえた。

　こういう席についた定連のほかに、講釈師たちはそれぞれ、パトロンを持っていた。典山には既述のように郷誠之助があったが、小金井蘆洲（三代目、秋元）には、あかじ銀行の渡邊治右衛門という旦那がいた。

　伯山には鳶の連中、親分衆の後援者が多くいた。彼が死んだとき、東京中の頭《かしら》連中が勢揃いして、葬儀の列に加わった。

森暁紅《もりぎょうこう》、私どもに共通の知人で、岩立という人物がいた。この人は少年時代から講釈場へ通った人だが、とくに、蘆洲が好きだった。蘆洲がまだ麟慶といった時代からのファンで、彼の出る席を追っかけて歩いた。麟慶の出る席へゆくと、岩立少年の紺がすり姿が必ず見られるので、人呼んで〝麟慶小僧〟といった。

私は、一時は伯山を追いかけたが、やがては、馬琴を追いかけた。小石川の原町の馬琴の家を訪ね、いろいろと今昔話をきいたりした。彼が病重しときいたとき、見舞いにも行った。

戦後、本牧亭一軒となったが、ここにも定連らしいものができたようだが、昭和三十年前ころから客脚が減り始め、定連の人たちも故人となったり、一向に姿を見せなくなってしまった人が多い。だいいち、私も、一時のようにこの席へ通わなくなった。

ただ田辺《たなべ》南鶴《なんかく》師が出している『講談研究』という月刊誌に、昔の講釈場のこと講釈師のことなどを書くことを続けていた。その関係で、いまの人たちをあらかた知り、口をきくようになった。とりわけ神田松鯉、邑井貞吉の両長老とは、かなり長時間にわたって、昔話をきく機会を持った。松鯉は本郷湯島天神近くにいる。貞吉は田園調布の奥深いところに住まっている。どちらも元気で、記憶が衰えていない。

明治時代、まだ名人の諸大家が生存していたころのおもしろい話をいろいろときかせてくれた。伯圓《はくえん》はじめ如燕《じょえん》、三代目貞山〔典山の師匠〕、二代目伯山、邑井一《はじめ》、桃林《とうりん》〔初代〕、桃葉、文慶らは、私が釈場通いをし始めたころには、もはや高座に見ることができない、歴史上の人物であった。

それから、馬琴、典山、琴凌《きんりょう》〔三代目〕、伯山、貞山〔六代目〕、蘆洲《ろしゅう》、伯鶴《はっかく》、若燕《じゃくえん》〔二代目〕の時代となり、伯龍〔五代目〕、ろ山〔初代〕、山陽〔初代〕、伯治《はくじ》〔三代目〕、貞丈〔五代目〕、麟慶〔のちの四代目蘆洲〕、燕旭〔英昌〕の舞台となり、これらの人々がみな故人となって、釈界は衰微の極に達した。

この間大震災あり、第二次大戦があり、大正時代の十軒の席は全部亡びてしまった。近年になってからも、若燕〔三代目〕、蘆洲〔桜洲〕についで燕雄《えんゆう》が逝って、講談界は、一段と淋しくもなった。伯山、貞山、蘆洲、伯鶴のうちの一人でも、また、伯龍、山陽、ろ山、伯治、麟慶のうちの二人くらいでも生きていたら、そして、三軒ぐらいの定席《じょうせき》があってくれるといいがなあ、と思うが、それも返らぬ愚痴ごとである。

いまの貞山〔七代目〕は六代目貞山の衣鉢をつぎ、その高座口調を伝えている。伯山〔五代目〕は三代目伯山のイキをおもわせる。山陽〔二代目〕は、独自の読み口で能弁に演じる。南鶴〔十二代〕は探偵物で独特の味を出している。痴遊《ちゆう》〔二代目〕は、先代のそれとは違った一種の達者さを見せている。が、みんなかつての名人上手のような風格と味がない。

東京の下町といった気分の土地もなくなった。生活環境の変化、交通事情等、昔の講釈場気分を再現すべくもない。しかし、講談を好む人は、まだ東京とその周辺に千人くらいはいると思う。この千人が十日目ごとにききに来るとすれば一軒の定席は成立つはずだ。

結局、名人上手が数人欲しいことになる。

一龍斎貞鳳《ていほう》のごときは、すくなくとも上手の域に達しうる素質をもっている。私はこの人が、もっと本業に精進して大成することを希望する。一人、ずば抜けた人ができると、それに引きずられて数名の秀才が生れるものである。

（『講談・伝統の話芸』昭和四八年　朝日新聞社）

講釈を語る

講談はどこが面白いか

小島政二郎

月々の雑誌のうち、均《なら》して発行部数の多いのは講談雑誌だそうである。単行本も素晴らしく売れると聞いた。しかも、これは仕入れが只《ただ》見たいなものだ。安い金で速記屋から買う。速記屋はそのうちの幾割かを署名の講釈師に払うかと云うのに、そうでない。講釈師の名は勝手放題に附けておいて、全然一文も払いはしない。何々文庫と号して五六十冊講談本が出ているのがあるが、あの中で本当に署名の講釈師に「わたり」の附いているのは一冊もないと云ってもいい位だろう。私の知っている講釈師に訊ねた限りでは、――こっちも亦呑《またのん》気《き》な話で、そんな本が自分の名で出ていることさえ知らないのが多かった。甚《はなは》だしいのになると、署名の講釈師が高座で一度もよんだことのない、云い替えると、一字半句も知らない講釈を堂々五百頁《ページ》も速記させていることになっているのがある。

それから、新聞や雑誌の附録に、よく一席の抜き読みが出ていることがある。あれなども、署名の講釈師の知らないのが多い。但《ただ》し去年の震災で速記屋が種を焼いてしまったので、今の所では正直に速記しているらしい。これとて、一廻《ひとまわ》り速記が出来てしまえば、後は写真の焼き増しと同じことで、幾らでも只儲《ただもう》けの仕放題《しほうだい》だ。

殊《こと》に、都合のいいのは、今日《こんにち》では稍下火《ややしたび》になったが、いずれの新聞でも皆様御存じの悟《ご》道軒圓玉《どうけんえんぎょく》だ。圓玉は、講釈師であると同時に速記屋だ。何の某口演《なにがしこうえん》、浪上義三郎《なみうえぎさぶろう》速記とあったら、圓玉のことと思い給え。何の某口演《なにがしこうえん》も何もあったものではない。人の口演を速記するまでもなく、講釈はお手の物だ。殊《こと》には彼《かれ》読書家で、一例を挙げれば、ラフカヂオ・ヘルン〔ラフカディオ・ハーン〕の先祖のことを質問して、久保田万太郎《くぼたまんたろう》を面喰わしたことがあったと云う位である。従って、文字を知り、筆も立つ。そこで初めは何の某《なにがし》口演《こうえん》の蔭《かげ》に隠れていたが、いつとはなしに、昔取った杵柄《きねづか》で、返り咲きの一本立ち、悟道軒圓玉となり済ましたものだ。一時は俳句の選者の内藤鳴雪翁《ないとうめいせつおう》と相並《あいなら》んで、大抵の新聞雑誌に彼の名を見ないことはなかった位の勢《いきおい》であった。

事《こと》の序《ついで》に申《もう》さんが、彼は七十に近い老人である上に、若い時からの心臓病で、息切れがして高座が勤《つと》まらない。早くから引退して、他に食を得る途《みち》を講じなければならなかった結果、学び覚えた速記である。だから、彼は講釈師ではあるが、高座には現れない。それを知ったか振《ぶ》りに、「何事も評論家」の一人が、圓玉の高座を聞いた印象から、外《ほか》の講釈師との旨《うま》い拙《まず》いを比較評論した一文を読んだことがある、大阪に「歩こう会」と云うのがあるが、一つ大いに「笑おうかい。」

閑話休題《あだしごとはさておいて》。この圓玉が例となって、速記屋の手を経ずに、講釈師が自分で原稿を書くことが一つの職業となった。小金井蘆洲《こがねいろしゅう》〔三代目〕の如《ごと》きは、放埓《ほうらつ》度《ど》なく、席を抜いて仕方がないので、懲《こら》しめのために講談組合から除名された。しかし、天狗で強情の彼が組合によく膝《ひざ》を屈しないで済んだのは、勿論《もちろん》お座敷の収入が大部分ではあったろうが、一つには諸新聞雑誌への寄稿のお蔭でもあった。が、圓玉に比べると無駄が多く、耳で聞かす講談と、目で読ませる講談との間の相違をまだ悟っていない為《た》めに、面白くない。

尤《もっと》も、圓玉とても、この節は、商売の邪魔をするようで悪いが、自分で書くのは少ない。弟子に安い筆耕賃《ひっこうちん》を払って、名だけ貸しているのが多い。しかし、塵積《ちりつも》って山となるの譬《たと》えで、彼も今では万を以《もっ》て数える貯金が出来たと云う噂である。などと書くと、有名な吝《し》嗇坊《わんぼう》のことだ。

「縁起《えんぎ》でもねえ、人が聞いたら蛙《かわず》になれよ。」と三遍《さんべん》唱えながら、一寸《ちょっと》興奮してもすぐ早鐘をつく心臓のあたりを、着物の上から抑《おさ》えるかも知れない。

兎《と》に角《かく》それ程講談は人気がある。社会の木鐸《ぼくたく》を以《もっ》て任じている新聞紙が、池辺鉄崑崙《いけべてっこんろん》〔池辺三山。明治期のジャーナリスト〕の昔は知らず、社説で読者が急に殖《ふ》えたと云う話は聞かなくとも、講談で読者が附いたと云う噂はよく耳にする。近い例が、新聞紙の上で外《ほか》の新聞の噂をするのは禁物だそうだが、まあ大目に見て貰《もら》うとして、東京朝日〔のちの朝日新聞〕が、大地震前までは貞山〔六代目〕の「加賀騒動」を連載していたのを、震災後の復活と同時に、思い切りよく蹴ッ飛ばして、伯山〔三代目〕の「清水次郎長《しみずのじろちょう》」と搗《つ》き換《か》えた。これが非常に当《あた》って、素晴らしい人気を呼んだ。それが為《た》め、一時、焼けなかった新聞に奪われていた読者を、難《なん》なく取り戻すことが出来た。とまあ云ったような話を聞いたが、どうも嘘《うそ》ではないらしい。その「次郎長」が東京朝日へ出切《でき》ってしまうのを待っていたかの如《ごと》く、今度は大阪毎日の夕刊で載せ始めた。

しかし、これ程人気のある講談も、悲しい哉《かな》、その人気たるや紙の上へ留《とど》まっていて、唯《ただ》速記屋や赤本屋《あかほんや》を喜ばせるに過ぎない。寄席《よせ》へ講釈を聞きに来る客は幾《いく》らもない。これじゃァ講釈師先生も上《あが》ったりだ。明治の初めには、東京市内に大小五十二軒の釈場があった。それが、今では漸《ようや》く十軒足らずに減ってしまった。尤《もっと》も、こう世の中が世智辛《せちがら》くなって来ては、昼間から遊んでいられる身分の人はそうたんとはあるまい、そんな訳で、昼席へ来る客は減る一方だ。浅草の金車亭《きんしゃてい》を除いては、昼席に相当客の来る寄席は先《ま》ずないと云ってもいいだろう。ここは、第一流の寄席だが、客扱いが悪いのでも第一流だ。兎《と》に角《かく》、金車の昼席と神田の小柳亭の昼席とへ真打《しんうち》の看板が上《あが》れば、小説家で云えば、先《ま》ず「中央公論」とか「改造」とかへ、こっちから持ち込んだのでなく、雑誌の方から買いに来て載ったのと同じような格で、先《ま》ず一人前の真打と云うことに暗黙のうちになっている。それに、入りも多いから、実入りも悪くない。そこで、大真打《おおしんうち》から小真打《こしんうち》に至るまで、みんな金車の昼席を取ろうとして狙っている。嘘のようだが、震災前の話で、十二年間位の先約が出来ていたそうだ。その代《かわ》りよくしたもので、夜席《よせき》は活動〔活動写真。映画〕に押されてトント入《い》りがない。

話が脇道に逸《そ》れたが、呑気らしく昼間から遊んでいられる人が少なくなった為《た》め、それにつれて昼席の客も減る勘定だ。じゃァ夜はどうかと云うのに、ロハで済む散歩と云う大敵が現れた。由来《ゆらい》進取《しんしゅ》の気象に富んだ人々は、過去の話を喜ばない。洋服をどうかして意《い》気《き》に着こなしたいのがお望みの方には、着《き》附《つ》けと云えば、すぐ結城《ゆうき》の唐桟《とうざん》の、仕立《したて》は七五三五分《ごぶ》上がり〔身幅の寸法〕のと云うことなどは、テンから興味を呼ばないのは無理もない。そこへ行くと活動だ。洋服の着方の見本が幾らも出て来る。歩き方、その時々のハンケチの仕舞処《しまいどころ》まで一目で分《わか》る。第一、お話とは事変《ことかわ》って、目のくるッとした、足のスッと流れるような健康な美人が、風俗の違う有難《ありがた》さには、両肩から胸にかけてむっちりとした真白《まっしろ》な肉体を露わにして、軽快に、或《あるい》は静々《しずしず》と、とりどりに、目の前へ実物の如く立ち現れるのだ。お望みとあれば、海水着一枚にもなってくれる。ニッコリ情を込めて笑《え》む写真の上の恋人を見て、相手を自分と思いたければ思うも儘《まま》だ。さればこそ、耳を持たぬスクリンの上の女優に向《むか》って、急霰《きゅうさん》〔にわかに降るあられ〕の如き拍手が送られるのであろう。

　ラヴ・シーンにしても、片《かた》ッ方《ぽ》は、「そうざます。厭《いや》でありんす。」などと機微に触《ふ》れない古めかしい事を云っているのに反して、こっちの世界では、目と目でじっと見合う、手を握り合う、以下実感を以《もっ》て迫って来る。背景から家具調度の末に至るまで、我等《われら》の異国趣味《エキゾチズム》を喜ばせてくれる。また一篇の筋にしても、あらゆる点に於《おい》て規模が大きく、且《か》つ複雑でもあり、吾人《ごじん》の生活に近似性を持っている。

　そればかりか、活動には音楽が附き物で、人を陽気にしてくれる。第一、写真から抜け出して来たような断髪の、目の縁を黒く隈取《くまど》った、短軀臼腰《たんくきゅうよう》、人目には附くが一向《いっこう》美しくない生きた美人が、そこにもここにも座を占めている。若い夫婦がくッつき合って坐《すわ》っている。それに反して、講釈場と来ては女ッ気などは微塵《みじん》もない。隠居に、女郎屋の亭主に、職人、番頭と云う入れ込みで、太鼓一つ鳴るでもない。場内は陰気だ。この点、まだ色物席の方が遥《はるか》に優《まさ》っている。快活にされることの好きな当世人《とうせいじん》は、活動の次には色物へ行く。ここなら三味線《しゃみせん》は鳴る、太鼓は鳴る、踊る、歌う、近頃の色物はドンチャン騒ぎだ。何の事はない、安い割勘《わりかん》の大一座《おおいちざ》で、芸者を上げて騒いでいるのとトント変《かわ》りはない。流行《はや》る訳である。

こんな次第で、釈場の客は恐《おそら》く減る一方だろう。今に純粋な釈場はなくなって、講釈師は落語家《はなしか》と合併するようになるのだろう。悪いことに、後進に有望なのが少《すくな》い。時代の好《こう》尚《しょう》と、釈界無人《しゃくかいぶにん》との二つの原因から、やがて自滅するのではあるまいか。しかも一方では、速記本が飽《あ》かれもしずに盛んに読まれている。かくて講釈の実体は伝わらずに、講釈という芸術とは全く別個のものが存在を続けるようなことになるのではあるまいか。

では、講釈の実体とは何か。私は飽くまで説話芸術だと思う。高座に現れて一席よむ、その人のよみ口に終始する芸術だと思う。そう云う意味で、講釈と講釈師との関係は、楽譜と音楽家との関係に似ていると思う。講釈は活字で読むものではなくて、聞くものである。聞いて初めて「芸術」としての講釈に触れ得る訳だ。

仙台の某教授は、講釈と落語とを評して、世界に類のない説話芸術だと云われたそうだ。誠にそうだと思う。今はそれ程でもないが、役者の初舞台と同じように、素《もと》は七つ八つ、十位《くらい》から張扇《はりおうぎ》を叩いて、「元亀三年……。」と血を吐くような思いで修羅場《しゅらば》の稽古《けいこ》をしたものだ。死んだ松鯉《しょうり》〔初代〕などは、腰の曲《まが》った八十に近い翁《おきな》だったが、たまたま「水滸《すいこ》伝《でん》」をよんで武松《ぶしょう》の虎狩りに掛《かか》ると、剣道を極《きわ》めた老人が試合最中に腰が伸びるように、段々《だんだん》シャンとして来て、
「をう」と喚《わめ》き叫《さけ》んで虎を張り殺すあたりの勢いと云ったらなかった。今の馬琴《ばきん》〔四代目〕

も七十三か四になろうが、三時間に亘《わた》る四席の立て読みに、お茶一つ飲まず、少しの声変《がわ》りも見せない。殊《こと》に、川中島車懸《かわなかじまくるまがか》りの陣備《じんそな》えの一席の如《ごと》きは、徹頭徹尾修羅場《しゅらば》続きで、声と調子とによって戦場が展開されて行《ゆ》く激しさは、とても今の若手からは聞き得られない至芸《しげい》である。血気盛《けっきさか》りの二十代三十代にも拘《かか》わらず、五分と修羅場の読めぬ若手の人々よ、恥じるがいい。唯《ただ》聞いては意味をなさぬ「ノンノンズイズイ」などと云う掛《か》け声も、張り扇の音と共に聞くと、大軍が押し出して行《ゆ》く有様《ありさま》が眼前数里《がんぜんすうり》に亘って打ち広げられるから不思議である。――そうした気魄《きはく》の激しい芸の力がどうして速記本から感じ得《え》られよう。

また彼等《かれら》は、一種特別な鍛錬された声のメリハリによって、自由に河内山《こうちやま》〔河内山宗俊。江戸城に出仕した茶坊主〕にもなれば、三千歳《みちとせ》〔江戸後期の遊女〕にもなり、原田甲斐《かい》〔江戸前期の仙台藩奉行〕の幻影をも浮かべる技《わざ》を自得している。そのメリハリ一つに、彼等がその人間になり切っている深さ浅さが窺《うかが》われる。人間観察の広さ狭さも隠せず現れる。「小夜衣草紙《さよぎぬぞうし》」の主人公と、何とか云う娘の新枕《にいまくら》のくだりでも、あの娘の答える「はい」と云う一言に、処女描写の全体が掛《かか》っている。――そんな微妙な味わいが、どうして速記本に現れていよう。

その上、講釈は聞くだけのものではない。具体的に生々《いきいき》と描写するために、彼等は高座の上でいろいろな動作、表情をして見せる。だから、当然見つつ聞くべきものだ。しかし、動作すると云っても、机を前に坐っている以上、上半身しか動かす自由を持たない。それでも、立派に立った姿に見える。「小猿七之助《こざるしちのすけ》」の親父の七蔵《しちぞう》が、小舟に揺られながら網を打つあたりなど、伯龍〔五代目〕のを聞いていると、こっちまで舟に乗っているような気持になって来るからえらいものだ。網がさあッと広がった形《かた》から、漣《さざなみ》打《う》っている水の上まで目に浮かんで来る。馬琴〔四代目〕が身を斜《しゃ》に構えてリウリウと槍《やり》を扱《しご》くと、闇に穂先が光って見える。

「お控えなすって……。」と俯向《うつむ》けば、膝を突いて仁義を云っている博奕打《ばくちうち》のキリリとした姿になる。顔まで苦味走《にがみばし》った東男《あずまおとこ》〔関東地方生まれの男〕になるから恐ろしい。甲斐の刃傷《にんじょう》で、控えの間に悠然たる偏眼《へんがん》の片倉《かたくら》を描いて、武士の威容を髣髴《ほうふつ》たらしめ得《う》る者典《てん》山《ざん》の右に出《い》づるはあるまい。按摩《あんま》の盗坊藪原検校《どろぼうやぶはらけんぎょう》が、地面を掘って雨戸の桟《さん》をはずしに掛《かか》るくだりの面白さは、高座の上を桟の周囲一二尺《いちにしゃく》に縮めて見せる蘆洲《ろしゅう》の技に待つ外《ほか》はあるまい。――こうした生きた美しさを速記本のどこに求め得よう。

そればかりではない。話全体の美しさ、話全体を統一する芸術家の気稟《きひん》的魅力に至っては、速記本からは絶対に味わえない。同じ講釈をよんでも、人によって与える感銘が違う。私はそこに、よむ人の人間の大小深浅《だいしょうしんせん》、利鈍厚薄《りどんこうはく》を見て楽しむ。それによって、講釈が生きもし死にもし、深くもなり浅くもなり、嘘にもなり本当にもなるところに、不思議な芸術的興味を感じて已《や》まないのだ。

（「時事新報」大正一三年九月／『場末風流』昭和四年　中央公論社）

釈場通い

小島政二郎

一　神田伯龍

文壇で活動写真の好きな人は随分あるようだが、講釈の好きな人はそうたんとはないらしい。私の知っている範囲では、永井《ながい》荷風《かふう》、吉井《よしい》勇《いさむ》、菊池寛《きくちかん》の三氏《さんし》位《くらい》のものであろう。それとて近頃ぱったり寄席《よせ》へ姿を見せなくなった。初め八丁堀《はっちょうぼり》の薄暗い昼席の中で、永井荷風氏の面長《おもなが》な顔を見出した時などは、真打の典山《てんざん》奴《め》、どうか今日は旨《うま》くやって、荷風氏の足を明日も引いてくれるようにと心の中で祈ったものだ。ところが、その翌日行って見ると、昨日と同じ場所に、例の癖《くせ》の、目をぱちくりさせながら、荷風氏が細羅宇《ほそラウ》〔羅宇はキセルの管〕の煙管《きせる》で煙草を吹かしていた。その時の嬉しさと云ったらなかった。それ以来、荷風氏はかなり永くそこへ通って来られた。

荷風氏は典山が好きらしい。いかにも荷風氏らしい好みと思うが、しかし馬琴〔四代目〕、伯山〔三代目〕あたりからはいって、典山に行き着くのが講釈聞きの定法《じょうほう》らしい。名人文《ぶん》慶《けい》のない後は、まずこの人あたりが当代の大家であろう。

この人の芸は、外《ほか》の講釈師のように、筋《すじ》を売ることを眼目《がんもく》としていない。その日に読む一席を、前後から切り離して、それだけで一つの纏《まと》まった話にしようと心懸《こころが》けているらしい。それもお話ではなくて、立派に描写になっている。これはこういう性質の女ですと云う代《かわ》りに、黙ってそういう性格の女を描いて見せる。各々《おのおの》のシーンの描写の旨《うま》いことは勿論《もちろん》、出て来る人物の風貌《ふうぼう》、言語、動作、性格、旨く行くと複雑な心理解剖までして見せる。一口に人物と云うと、何でもないようだが、人物といううちには、大別《たいべつ》しても武士と町人とがある。細別《さいべつ》したら切りがあるまい。その切りのない人物を、悉《ことごと》くそれぞれの個性を与えて活写して見せる。なまはんちゃくれな小説を読むよりどの位面白いか知れない。いや、描写と云う点だけに限って云うならば、今の小説家で典山の域まで達している者は、誇張でも何でもなく、五人か六人しかいまい。

この人は、読み物の短いので有名である。どんな入り組んだ話をさせても、物の四十分とは掛《かか》るまい。大抵三十分で片が附いてしまう。で、典山は高いと云うのが通り相場になっている。或時《あるとき》、寄席で誰かが「高い」と怒鳴《どな》ったら、高くはないのだと云って弁解をしたことがある。それは、外《ほか》の講釈師には無駄があるから、その無駄を差し引けば自分と同じことになってしまうと云うのである。しかし自分の講釈には無駄はないつもりだ。例えば、外《ほか》の人が加藤清正《きよまさ》の虎狩《とらがり》を読むとする。そうすると、一席のうちに幾度《いくど》加藤主計頭《かずえのかみ》清正という名前を繰り返すか分《わか》らない。そこを、自分は或《あるい》は清正と云い、或は主計頭と云って、同じ言葉の繰り返されるのを只管《ひたすら》恐れている。一事が万事で、勢い自分の講釈は短くならざるを得ない。こう云うのが彼の弁解であった。

これに反して安いのは神田伯山である。一席大抵一時間は読む。そこで、細かい芸の味などの分《わか》らないお客は、潮《うしお》のように伯山へ吸い寄せられて行く。それで、伯山には八丁《はっちょう》荒《あら》しという渾名《あだな》がある。伯山の看板が木戸に掛《かか》ると、界隈《かいわい》八丁四方の寄席の客足がばったり留《とま》ると云うのだ。実際伯山が掛《かか》って、「清水次郎長」か何かを読むと、朔日《ついたち》から晦日《みそか》まで満員続きでガタともしないから不思議である。外《ほか》の芸人には絶えてないことであろう。

この外《ほか》、老大家には、今年七十八の神田松鯉《しょうり》〔初代〕、一廻《ひとまわ》り下の宝井馬琴、それに桃川如燕《じょえん》〔二代目〕などがいるが、芸の点では遥かに後輩の典山に及ばない。唯一度聞きたいと思っているのは、松鯉が楽屋ですると云う花魁《おいらん》買いの話である。生きている講釈師で、本当の花魁買いをしたのは、今では松鯉たった一人しか残っていないそうだ。その松鯉さえもう隠居をして席へは出なくなってしまった。松鯉でも死んだら、「水滸伝《すいこでん》」などを語り得る者は一人もいなくなるだろう。

前に云った伯山、それから典山の弟子の貞山《ていざん》〔六代目〕、馬琴の弟子の蘆洲《ろしゅう》〔三代目〕、この三人が轡《くつわ》を並べて売り出した頃は、三羽烏《さんばがらす》という評判が高かった。今ではこの三人が釈界の中堅をなしているが、一通り旨いというだけで、先輩を凌《しの》ぐ程の上手ではない。典山が上手の名を得て以来十何年にもなるだろうが、以前上手の名は典山が一人で攫《さら》って行っている形である。

　ところが、ここ数年来、典山の塁《るい》を摩《ま》するに足る若手の新進が一人めきめきと頭角を現し出した。それは外《ほか》でもない、神田伯龍〔五代目〕である。

　この人は元来伯山の弟子だが、畑違いの文慶にひどく可愛《かわい》がられて、その薫陶を受けた人である。まだ歳はごく若い。文壇で云ったら、久米、芥川諸氏と相如《あいし》く年配であろう。若さも若し、「にょろ岩」と渾名《あだな》を付けられている位故《ゆえ》、ひたひたと粛《しめや》かな調子で花魁買いの話などを読み出されると、典山が技巧の冴《さ》え一つで醸し出す色気とはまた一風違った、若さからにじみ出る濃厚な色気がもたもたとあたりに漂いわたるのを感じる。典山が縮まり切れるだけ縮まり切っているのに反して、のびのびと思う存分伸び切ろうとしているところに、未来の完成を予示する柔軟性《フレキシビリティ》がある。

　ずっと前、浅草の金車亭で、昼が文慶で、夜が典山が掛《かか》ったことがあった。その時、二人とも揃って「吉原百人斬《ひゃくにんぎり》」を読んでいた。素晴らしい人気を呼んで、是非の声が喧《かまび》しかったが、私の聞いたところでは、典山は遂《つい》に文慶の敵ではなかった。典山は昼に先輩の文慶が自分と同じものをやっていると聞いて、車輪になって意気込んでいたが、車輪になればなる程、典山の芸は人智のあらん限りを尽《つく》して細かく小さく凝り固まって来る一方であった。のびのびと生気の躍動している趣《おもむき》が足りなかった。そこへ行くと、流石《さすが》名人と云われただけあって、文慶の芸は、天衣無縫《てんいむほう》と云おうか、流れるように自由であった。

　後年同じ典山と、文慶仕込みの伯龍とが、八丁堀で夜席の看板を並べた時にも、同じような話柄《わへい》を残している。（八丁堀には、面と向《むか》って二軒寄席がある）やはり読み物は「吉原百人斬」。但し、今度車輪になったのは伯龍の方である。あんまり車輪になり過ぎて、一月《ひとつき》続く講釈を十二日で読み切ってしまった……。

　ところで、この「吉原百人斬」という講釈は、前半が親父の次郎吉《じろきち》の伝記になっている。その次郎吉が、悪いことの仕放題《しほうだい》を仕尽《しつく》した報いで、息子がこういう目に逢う、という因縁話になっているのだ。次郎吉の悪事の一つに、人の妾になっている「江戸節のお紺」という女と間男をして、一時一緒にはなったものの、女に梅毒《かさ》が出て身動きも出来なくなるのを見ると、無慈悲にも女を捨てて姿を隠してしまう一節がある。そして故郷の佐野へ帰って、訳があって急に堅くなって、絹商人《あきんど》として大成功を収め、佐野の大尽《だいじん》と呼ばれるようになる。ところが、女はその間に変転の限りを尽《つく》して、板橋街道の野伏《のぶ》せり〔浮浪者〕にまでなり下《さが》ってしまう。勿論鼻の障子が取れて、ふがふが声《ごえ》になっている。すると、或《ある》雪の降る夕方、佐野の大尽の次郎吉が、江戸へ掛け金を集めに来た帰りがけに、この変《かわ》り果てたお紺に逢うのである。――お紺は袖にしがみついて離れない。仕方がなしに、故郷へ連れて帰って安楽に暮らさせてやると嘘をついて、戸田の河原まで連れて行って、膿《うみ》を洗わせると見せて水へ突き落《おと》して殺してしまう。（この殺し場は、典山の十八番《おはこ》でもあるし、伯龍の十八番にもなっている。いつぞや伯龍がここを読んだ時であった。中にお寿司を食べていたお客があったが、思わずお寿司を吐き出したのを見たことがある。）こうして、その夜宿屋に着くが早いか、お紺の死霊に取り憑かれて、次郎吉は狂い死《じに》に死ぬのである。

　この狂い死《じに》に死ぬ場面で、典山も伯龍も、夢に魘《うな》されて声を立てる次郎吉の描写をやる。ところが、典山程の老巧者《ろうこうしゃ》がやっても、ここできっと二三人お客が笑い出す。それが不思議に伯龍だと笑わない。いや、笑うどころか、鬼気人に迫る概《がい》がある。不思議に思って私は細かく観察をした。すると、典山は唯《ただ》魘されるばかりだが、伯龍のは、激しく魘されたと思うと、突然ふふふふふと気味の悪い薄ら笑いをする。その呼吸が何とも言えず物凄《ものすご》い。

　私はその時思わず膝を叩いて感心した。表面に現れたところでは、唯「ふふふ……」

を一つ入れるか入れぬかの相違に過ぎないが、その効果の上から云ったら、非常な相違になって来る。伯龍はえらいなと思った。しかし、それにしても伯龍はどこでこの呼吸を感得したのだろう。そう思って一度訊ねて見た。

すると、彼は謙遜して、

「いえ、文慶さんの看病をしながら、文慶さんの魘されるのを見て拾ったのです。」と云った。

伯龍の話によると、文慶がまだ若かった頃、（断って置くが、文慶はお旗本の出だけあって、品のいいお爺さんであった。若盛《わかざか》りの頃は、さぞおっとりとした好男子だったろう。）或《ある》高位高官の奥方から可愛がられて、駆落《かけおち》をしたことがあった。その奥方を仕舞《しまい》にどうしたのか知らないが、晩年にひどく気にしていたらしく、死の床《とこ》に寝ながらも、しじゅう夢に魘《うな》され続けであった。夜講《やこう》をハネて看病に帰って来る伯龍を摑《つか》まえては、芸の心得を話しながら、うとうとと眠ったかと思うと、一時二時頃になるとは、苦しそうに魘されるのだった。しかし、魘される方は傍《そば》にいてもそんなに恐くもなかったが、しいんと寝《ね》鎮《しず》まった夜更《よふけ》に、「ふふふふふ……」と声とも息の音《ね》とも付かない低い声で笑われた時には、正直あたりを見廻《みまわ》さずにはいられなかったそうだ。しかし、「そんなことでどうする。こういう目には逢いたいと思ったって滅多に逢えるものではない。師匠には済まないが、よく後のために見て置かなければならない。」そう思って、こわごわながらも、じっと観察をしたのだと云っていた。

　私が小説家ゴンクール兄弟の話をしてやったら、非常に感心して、

「そうですかね。矢張《やはり》話ばかり幾ら覚えたってなんにもなりませんね。生きた世の中を注意して見ていなければ駄目なんですね。」と、伯龍はいかにも感慨深そうに云っていた。

　この人には、まだ四谷怪談のお岩に関する苦心談があるが、しかしいかにも苦心談らしい苦心談だからここには省くことにする。唯《ただ》あの、髪を振り乱したお岩の物凄い顔を高座の上でどういう風にしたらおかしくなく凄みが出るか、その点に関する工夫だけはちょっと傾聴するに足りると思う。役者と違って髪も化粧道具もないのだから、お岩の顔を写そうと思えば、どうせ素顔に変な表情をするより外《ほか》に仕方がない。その変な表情をして、高座で上から髪を振り乱す身振《みぶり》をしたら、大抵のお客は笑うに違いない。これならば笑うまいと云う自信がどうしても附かない。で、毎晩夜講をハネてから家へ帰る道々、人通りのない往来を選んでは、目を剝いたり唇を歪めたりして工夫しているうちに、ふと、首を上から振《ふ》り卸《おろ》さずに、下から振り上げたらどんなものだろうと考え附いた。それも、机から八寸以上は高く顔を上げずに、じっと下から睨《にら》み上《あ》げるようにするのである。それでもどうか分《わか》らないが、兎《と》に角《かく》自分だけでは工夫が附いたように思うから、いよいよ最近に「四

谷怪談」を読み出そうかと思うと伯龍は云っていた。

この人は惨《むご》たらしい話が好きだと云うから、追々《おいおい》珍らしい話を聞かしてくれることだろうと楽しみにしている。現に「藪原検校《やぶはらけんぎょう》」なども、外《ほか》の講釈師のやらない場面を聞かせてくれている。

典山の苦心談も一度聞いて見たいと思っているが、伯龍がまだ駆け出しの時分、とても自分には一人前の看板にはなれないような気がして、悲観の極《きょく》、講釈師を断念して大阪へ突ッ走ったことがあった。そうしてそこで帽子屋へ小僧に住み込んだ。ところが、その店は卸屋《おろしや》なので、毎日帽子を山のように背負って得意先を歩き廻らなければならなかった。或日《あるひ》矢張《やはり》そうして千日前を歩いていると、向《むこ》うから小琴凌《こきんりょう》という東京の講釈師がやって来た。そして行きちがいざまに、

「よう、伯龍さんじゃないか。」と言葉を掛けた。その瞬間、御襤褸着物《おんぼろぎもの》を着て、汗を掻《か》きつつ荷を背負っている自分の姿が我《われ》と我が目に浮《うか》んで来て、かあッと顔の赤くなるのをどうすることも出来なかった。しかしその場合、どうしても「うん、そうだ」とは云えなかった。

で、声を掛けられて立《た》ち留《どま》りはしたものの、人違いじゃありませんかと云うような顔付《かおつき》をして、返事もしずに、あべこべにじっと小琴凌の顔を見詰め返した。すると、相手は、

「おい、伯龍さんじゃないか。俺だよ、小琴凌だよ。」と重ねて云った。それでも猶《なお》知らん顔をして彼はじっと小琴凌の顔を見詰めていた。すると、流石《さすが》に手持ち無沙汰《ぶさた》になったものと見えて、相手はそろそろと歩き出した。しかし一間《いっけん》ばかり向《むこ》うへ行ってから、まだ腑《ふ》に落ちない顔付《かおつき》をして、立《た》ち留《どま》った儘《まま》じっとこっちを振り返っていた。伯龍は伯龍で元の処《ところ》に立ち留ったまま、やはり「おかしな人だな」という顔付をして小琴凌を睨み付けて立っていた。

　やがて、小琴凌の姿が見えなくなるが早いか、彼は逸散《いっさん》に駈け出して人込《ひとご》みの中へ紛れ込んだが、その日は店へ帰って来ても仕事なんか手に附かなかった。唯《ただ》目先にちらちらするのは、自分が出来のいい講釈を読んでお客に褒められた時のことばかりだった。寝床へはいってからも、そのことばかり考えていた。

　とうとうその夜はまんじりともしずに明かしたが、明くる朝夜が明けるが早いか店を飛び出して、東京へ舞い戻って来た。そして師匠に詫びを入れた。心から身を入れて修業するようになったのは、それから以後であった。

　私はこの話を聞いて非常な感激を受けた。で、その感激を分《わか》つべく、この話を芥川龍之介氏に伝えたところが、氏は言下《ごんか》に、それと殆《ほとん》ど同じ逸話が歌川国芳《くによし》にもあると云って話してくれた。私は御苦労にも、その話をまた伯龍に伝えた。そうしたら、

「厭《いや》な目に逢っているのは自分一人のように思っていましたが、そうじゃないんですね。」と云って会心の笑みらしいものを浮《うか》べていた。

いろいろ入れ話が多くなったが、今では伯龍という名は、立派な大看板になっている。しかも前例のない位の若さで以《もっ》て真打になったのである。

（「人間」大正九年六月／『場末風流』昭和四年　中央公論社）

二　錦城斎典山

私事を申して恐れ入るが、この間芥川龍之介と佐佐木茂索《ささきもさく》と三人で、五代目菊五郎が好きだったという柳島《やなぎしま》の橋本へ晩飯を食べに行った。その帰りに、ブラブラ浅草へ出て金《きん》車《しゃ》の前を通ったら、典山の看板が出ていた。立看板を見ると、「村井《むらい》長庵《ちょうあん》巧《たくみの》破傘《やれがさ》、伊賀《いがの》水月《すいげつ》、二席長講《ちょうこう》」と書いてあった。

久振《ひさしぶり》だし、読み物が典山のオハコだしするので、三人ともかなり心を引かれたが、時計を見ると、ハネの早い典山ではもう前講の済んだ頃だったので、惜しい思いをして真直《まっすぐ》に家へ帰って来てしまった。

云うまでもなく、今の講談界では、なんと云っても典山が名実兼ね備わった大家であることは論を待つまい。盗坊伯圓《どろぼうはくえん》だの伊東潮花だのを聞いている老人連は、一種の尚古主義《クラシカリズム》から、同時代人《コンテンポラリー》を軽《かろ》んずる風があるが、私の耳を信じて云えば、典山だの死んだ文慶などは、いつの時代へ持ち出しても、立派に一流の大家で通る人達だと思う。落語の方で云えば、死んだ圓喬《えんきょう》などもその一人であろう。

「太閤記」と「盛衰記」とを除いたら、典山の読み物で感心しずに聞いたものは一つもないと云っていい。天明白浪伝《しらなみでん》、鼠小僧、美濃吉殺《みのきちごろ》し、小夜衣草子《さよぎぬぞうし》、村井長庵、吉原百人《ひゃくにん》斬《ぎり》以下の世話物は云うまでもない。伊達《だて》騒動、仙石《せんごく》騒動、伊賀水月などいう堅い時代物に至るまで、悉《ことごと》く感心させられている。伯山が八丁荒《あら》しの名を恣《ほしいまま》にして、「次郎長」で幾ら客を呼んでも、今売り出しの伯龍が「鼠小僧」で典山の塁《るい》を摩《ま》すると云われても、時代物になると、てんで歯が立たない。伯山の侍は博奕《ばくち》打ち見たようだし、伯龍は伯龍で時代物を世話に近く崩して読んでいる。その中で、典山一人はちゃんと昔ながらの真打の格式を守って、「端物《はもの》読み」の侮蔑を蒙《こうむ》る恐れなく、硬軟の自在を極めている。

文学史を繙《ひもと》くと、短篇小説、一幕物は近代の産物であることを教えられる。今では講談の昼席は二ヶ月、夜講は一ヶ月ということになっているが、昔は昼が六ヶ月、夜が三ヶ月だった。従って、それに当《あ》て嵌《は》まるように、講釈というものはみんな長く出来ている。しかし、長いままでは今日では時間の点から云って読み切れないので、それぞれ取捨選択の自由を行っている。しかし、多くの講釈師は依然として一貫した或《ある》長い物語を物語るという態度を出ていない。ところが、典山は全然違う。彼は長い物語である講談をぶっこわして、その日その日に読む一節ずつを、前後から切り離した一個の短篇として取り扱っている。「前夜申し上げました通り……」などということは、めったに云わない。いかに彼が短篇小説家であるかは、彼の口演を速記した「天明白浪伝」を、在来からある速記本と比較して見るがいい。彼はこの点では講談界に一つの新体《しんたい》を創始した先駆者である。小説の形式《フォーム》の上でポーが荷《にな》っているのと同じ名誉を、これ等《ら》二種の芸術の高下《こうげ》を暫《しばら》く忘れて云えば、講談の上で彼は荷《にな》っているのである。

次に、彼は自然主義の洗礼を受けた写実主義者である。元来、講談には勧善懲悪の思想が基調をなしている。そして一般の聴客《ちょうきゃく》は概して低級な思想生活をしている。勢い、時代道徳を最も簡単明瞭に盛ったものが歓迎されるのは理の当然であろう。伯山はなぜ三十日間も常に満員を打ち続けるか。それは彼の講談には、いつも道徳があるからである。最も人の喜ぶ「善が勝って悪が負ける」簡単明瞭な道徳が盛られているからである。「清水次郎長」でも「夕立勘五郎《かんごろう》」でも一度でも聞いたことのある人は、私のこの説を肯定するであろう。加《くわ》うるに、彼は火山のような情熱の所有者である。この二つが相打《あいう》って、聞き手を昏倒させずには置かないのである。

　そのもっともいい例として、私は「善悪二人娘《ににんむすめ》」の一節を挙げるに躊躇しない。甲府肴町《さかなまち》の郡内屋《ぐんないや》喜十郎《きじゅうろう》の病間に、女房おさだと密通した野村軍八郎《ぐんはちろう》は、主を毒害した上、おさだの入れ知恵で、江戸へ仕入れに出て今帰路にある先妻腹《せんさいはら》の悴芳之助《せがれよしのすけ》を、小仏峠《こぼとけとうげ》に待ち構えて亡いものにしようとする。その相談を洩《も》れ聞いた飯焚《めした》きの八助が、先潜《さきくぐ》りをして急を伝えに行く。バッタリ芳之助と行き逢った軍八郎は、大刀《だいとう》を振り被《かぶ》ったまま峠の上から追い込んで行く。二人の間は次第次第に狭《せば》まって行く。八助は絶体絶命になって、軍八郎の胸尖《むなさき》へしがみ附いた儘《まま》ぶら下《さが》る。軍八郎は苛《いら》って、渾身の力を振り絞って八助の髻《もとどり》を摑んでグイと引き離そうとする。離れまいとする。ここで軍八郎は満面に朱を漲《みなぎ》らしながら、無理に八助の首を胸許《むなもと》から引き離すと同時に、一方の手に持っている刀で力一ぱいに喉笛《のどぶえ》を突き通す。このあたりの伯山は全く情熱に燃え上っている。「荒神山《こうじんやま》」の喧嘩がいいの、「大瀬《おおせ》の半五《はんご》」がいいのと云ったって、遠くこの一節には及びも附かない。それにも拘わらず、人が余り褒めないのはどうしたことだろう。

　これは一例で且《か》つ余事だが、――典山の人格は伯山ほど単純ではない。皮相でもない。善悪を云うより前に、真偽を検討しずにいられない現実家《リアリスト》である。彼は盗坊《どろぼう》をさせるにも、そこに人間的な必然さを求める。勢い彼は心理にはいって行く。神道徳次がなぜ盗坊になるか、その心の動きを彼は常識的にではあるが、兎《と》に角《かく》解剖して聞かせる。佐野次郎左衛《さのじろざえ》門《もん》の親父に当たる次郎吉《じろきち》がなぜ悪い方へ悪い方へと深入りして行くか、その心理の推移をいかにもピュクテュアレスクに説明してのける。殊《こと》に、彼は人間の暗黒面に対して鋭い洞察力を持っている。悪に向《むか》って働く人間の心を実によく観察している。

講談を心理的に表現した例を彼以外に私は未だ聞かない。その意味でも、彼は内から講談に新しい生命を与えた殊勲者である。平面的な忠孝美談に限られていた講談なるものが、彼を得て初めて形式内容の両方面から我等の生活に近づけられた。陰影を附与され、複雑化され、生《せい》あるものとなされたのである。

右の如く云って来ると、或《あるい》は人は典山が単に心理の説明家に過ぎないように思うかも知れない。しかし、そうではない。以上の如き斯界《しかい》では容易に求め得ないような生命ある特徴を持っている外《ほか》に、彼はまた素晴らしい話術の所有者でもある。繊細を極めた、物を浮《う》き彫《ぼり》にして見せる描写的話術の大家である。その方面のみを以《も》ってしても、数ある講釈師中よく彼と比肩《ひけん》し得る者は一人《いちにん》もあるまい。僅《わず》かに新進の伯龍がその塁を摩する位のものであろう。

描写の方面に限って彼の傑作を求めるならば、原田甲斐の刃傷《にんじょう》の場の如き、「天明白浪伝」中「八百蔵吉《やおぞうきち》」の一節の如き、「仙石騒動」のうち神谷転《かみやうたた》が渋川伴五郎《しぶかわはんごろう》に匿《かくま》われている間の数節の如き、その他枚挙に遑《いとま》がない。小泉信三《しんぞう》氏が一夕《いっせき》典山を聞かれて、彼の頭脳のよさを称された言葉に、どんな錯綜した事柄を述べるに当《あた》っても彼は短時間しか要さないと云われた。甲斐の刃傷の場の如きは、これを裏書きして余りある。彼は何を演じようとも、三十分を出たことがないのである。

典山の十八番物《レパアトリー》の中には、一人として理想化されたり、演者が同情をそそいだりしている人物はない。原田甲斐も、伊達安芸《だてあき》も、仙石左京も、神谷転も、高座の上にいる間の典山には、愛憎の対象とはならない。唯《ただ》彼等各々《おのおの》の性格を、あるが儘《まま》に巨細《こさい》に生き生きと目に見る如く描き出そうとする芸術的欲望に左右されているのみである。彼は伯山の如き露骨な情熱家ではない。どっちかと云えば、適度の情熱を内に湛《たた》えた理智の人間である。従って彼が三寸《さんずん》の舌頭《ぜっとう》に醸し出す芸術は、整斉《せいせい》の美を持った古典派である。由来《ゆらい》古典派の芸術は、一般人の好尚《こうしょう》の埒外《らちがい》にある。名人よ上手よと云われているにも拘わらず、彼への客足が中位《ちゅうい》以上に昇らぬ所以《ゆえん》であろう。

以上私は典山に対して讃辞に属する言葉を多く書きつらねて来たが、しかし私は彼を以て名人とは思っていない。至芸と云うべくは未だ彼は人智人工に依拠していて、天衣の無縫を思わざる怨みあること三遊亭圓右《さんゆうていえんう》と相似《あいに》ている。隙なきことをのみ求めて、トボンとトボケたところ、大間《おおま》なところ、間の抜けたところ、おのづからなる完成を天に任せて流露奔放《りゅうろほんぽう》たらざる怨みがある。枯れ尽《つ》した故松鯉、風の如く自由だった文慶、この二人の芸風が、典山最後の精進に決定的な暗示を与えないだろうか。彼の齢は耳順《じじゅん》にそう遠くはない。私は名誉ある彼の最後の大成を祈らずにはいられない。

（「新演芸」大正一二年一月／『場末風流』昭和四年　中央公論社）

三　神田伯山

私は講談のことを少し書きすぎたようだ。先には雑誌「人間」へ神田伯龍を紹介し、「三田文学」へ典山を主人公にした小説「世話物」を書き、「表現」へ伯龍を主人公にした「一枚看板」という小説を書いた。又ついこの間は、本誌へ錦城斎典山を論じたばかりである。神田伯山論と看板をあげて論じたことはないが、これまでに方々《ほうぼう》へ伯山を引き合いに出して論じたことは一再《いっさい》にとどまらない。もう伯山については云い尽《つく》したという感じである。その後私の伯山に関する考えも、別段変《かわ》っていない。で、真向《まっこう》から伯山論を始める興味がない。だから。伯山に関する無駄話からでも始めようかと思う。寄席へでも行った時に、一通りの通《つう》を並べるよすが位にはなろう。

伯山は京橋《きょうばし》五郎兵衛町《ごろべえちょう》の岸田という花屋の息子だ。名を福松と云う。十二の歳に、死んだ松鯉《しょうり》（二代目伯山である。「水滸伝」や「越後伝吉」や「黒田騒動」を得意にしていた老松鯉である。今の松鯉の実父である。）の弟子になった。そうして松山《しょうざん》という名を貰った。この松山という名で小真打《こしんうち》になった。しかし本当に真打になったのは、小伯山《こはくざん》と改名した後《のち》である。今は無くなったが、神田小川町《おがわまち》の聚楽館《じゅらくかん》で看板を挙げたのである。この聚楽館というのは、夏目漱石の「満韓《まんかん》ところどころ」や「硝子戸《がらすど》の中《うち》」に出て来る小川亭の後だろうと思う。真打にはなったものの、社中には三代目伯龍（今の伯龍は五代目、四代目は今の蘆洲である。）先代伯鱗《はくりん》、先代伯治《はくじ》（今の伯治の父）〔二代目〕と云ったような先輩がいたため、師匠の前をスケル場合には、こういう人達の下へ附かなければならない。それが厭《いや》さに、小伯山は社中には加わらずに、独立して山の手の寄席ばかりを廻っていた。その間に随分苦労をしたらしい。

　そんな工合《ぐあい》で、小伯山は師匠から余り認められていなかった。その頃同門の蘆洲の方がずっと認められていた。ところが、その稍後《ややのち》に講談界が二派に別れて喧嘩をした時、蘆洲は師匠に背向《そむ》いて反対派の馬琴の門に走った。そうして西尾麟慶《にしおりんけい》と名告《なの》った。それから小《こ》金井蘆洲《がねいろしゅう》〔三代目〕となって、押しも押されもせぬ大家になったが、去年だか一昨年《おととし》だか、ズボラが嵩《こう》じてとうとう組合から除名された。今では新聞の続き物とお座敷とを専門に稼いでいる。師匠の松鯉は、晩年引退してから後の生活は、昔それ程認めもせず可愛がりもしなかった小伯山から保護されていたのである。

小伯山の出世芸は「小猿七之助《こざるしちのすけ》」と「善悪二人娘《ににんむすめ》」（例の戸田松太郎の出て来るもの）とであった。それに「野狐三次《のぎつねさんじ》」、「祐天吉松《ゆうてんきちまつ》」なども得意で読んでいたが、その頃の彼の演題目録《レパアトリー》の中には、実に意外なものが沢山含まれていた。「鼠小僧」や「釣鐘弥左衛門《つりがねやざえもん》」や「伊豆白浪《いずのしらなみ》」などはそう異《い》とするに足りないが、「藪原検校」を読み、「笠森《かさもり》三人娘」を読み、「官員《かんいん》小僧」という新作物を読んでいたと聞いては、奇異の感を催さずにはいられない。その外《ほか》、「明石《あかし》の斬捨《きりすて》」とか「亀山曽我《かめやまそが》」とか云ったような、今の人があまり読まないものを手掛けていた。

明治三十九年、彼が三十四歳の春、三代目伯山となった。昼は神田の小柳亭《こやなぎてい》、夜は両国の福本亭《ふくもとてい》に看板が上《あが》って大入《おおいり》を取った。福本亭は今はもう潰れてしまって無い。小伯山から伯山になる頃にかけて、彼は「天保水滸伝《てんぽうすいこでん》」を自家の芸にした。その外《ほか》、「剃刀《あたりや》おきん」とか、渡邊黙禅《わたなべもくぜん》の「雷六郎《かみなりろくろう》」とか云ったような、新作物に盛んに手を附けたのもこの前後であった。しかし、あまり成功はしなかった。「雷六郎」には清水次郎長が出て来る。

また丁度その頃は日露戦争の当時で、馬琴までがあの調子で、「イヨウ、君、僕、失敬。」などと軍事講談を、盛んにではないまでも、兎《と》に角《かく》やってお茶を濁していた時代だ。伯山もそれをやった。ただ少し目先をかえて、「クリミヤ戦争」を読んだ。

小伯山時代から彼は随分客を呼んだが、しかしまだ当時の馬琴程ではなかった。しかし伯山になって「清水次郎長」や「夕立勘五郎《ゆうだちかんごろう》」を読むようになってからの人気と云うものは実に素晴らしいものだった。伯山、蘆洲、貞山と、この三人を当時「三羽烏《さんばがらす》」と並称《へいしょう》した程三人が三人ともよく客を吸引した。しかし公平に見て、後の二人は遠く伯山の敵ではなかった。あらゆる寄席芸人が、伯山を「八丁荒し」と称《とな》えて恐れたと云われている。その意味は、一度伯山の看板が上《あが》ったが最後、八丁四方にある寄席と云う寄席が、——色物だろうが、女義太夫であろうが、洪水のように客を吸い寄せられてしまうと云うところから来た仇名《あだな》である。この仇名は、現在も猶《なお》真実である。初日から千秋楽まで、満員を打ち続けるものは恐らく伯山以外にはあるまい。

「清水次郎長」と「夕立勘五郎」との二つの外に、今でもよく十八番《じゅうはちばん》にしてやる「二人《ににん》半兵衛《はんべえ》」や「菅野弥一郎《すがのやいちろう》」なども、伯山襲名以降の読み物なのは意外である。次郎長の話は、死んだ陵潮（五代目）の弟子の松廼屋京伝《まつのやきょうでん》から教わったのだと聞いた。「菅野弥一郎」は大阪の竹山人《ちくさんじん》という落語家から得たものだという話である。

しかし「清水次郎長」は、殆んど原形を失ってしまった位伯山の改作が加えられているという話だが、恐《おそら》くそれは真実であろう。しかし細部にわたって講談化したのは伯山の力としても、骨子には粉本《ふんほん》がある。それは愚庵和尚《ぐあんおしょう》の著「東海遊侠伝《ゆうきょうでん》」である。愚庵和尚については非常に変化と興味とに満ちた哀悼すべき伝記があるが、今はそれを語るべき時でない。唯《ただ》清水次郎長の養子となって、山本五郎と称したことのある人物であること、それが機縁となって、次郎長とその周囲とを描いた「東海遊侠伝」が書き上げられたことを告げるに留めて置こう。「東海遊侠伝」は「水滸伝」に模して書かれたと云われている位豪宕《ごうとう》の気に満ち満ちている。伯山が語る「清水次郎長」伝の構想と、話中随所に彼が引例して来る考証的瑣事《こうしょうてきさじ》とは、悉《ことごと》くこの「東海遊侠伝」を偲ばせずには置かないのである。それだからと云って、私は次郎長に於《お》ける伯山の創意と芸とを否定しようとする意識を持つ者では毛頭ない。唯ちょっと楽屋を覗いて見ただけのことである。またこの事実は、伯山の名誉にこそなれ、少しも不名誉なことではない。私は寧ろ斯界《しかい》に珍らしい彼の創作的才能を称讃したい位に思っているのである。

私はここで、猶《なお》称讃の筆を持ち続けたいと思う。それは伯山が、今日の名声と地位とを以ってして、猶誰にでも聴こうとする態度である。釈界を通じて講談の数を知っていること伯山の右に出ずる者は恐《おそら》くあるまいと云われている。その位講談を彼は漁《あさ》っているのである。そうしてそのいいところを拾って悉《ことごと》く自家薬籠中《じかやくろうちゅう》のものとしている。その意味で、次郎長は彼の集大成と云ってもいい。次郎長の看板が掲げられるところ、連日満員客留《まんいんきゃくどめ》の盛況を見るのも亦宜《またむべ》なる哉《かな》である。

彼が人に聴く他《た》の一例として、「祐天吉松《ゆうてんきちまつ》」をあげることが出来る。話が結末に近づいて来た時、伯山は御牢内《ごろうない》の説明をして我々を喜ばしてくれる。あれなども、ちゃんと拠《よ》りどころがあるのである。ずっと前、南窓《なんそう》〔正流斎〕の弟子に南西《なんさい》という老講釈師がいた。見るからに温厚な年寄であった。しかし洗ってみると、これが関宿無宿《せきやどむしゅく》「おかし目の熊」という博徒《ばくと》で凶状持《きょうじょうもち》であった。小仏峠《こぼとけとうげ》かどこかで御用聞《ごようきき》を斬って摑まって牢にぶち込まれた。横須賀の軍港が出来上《できあが》る時に苦役で行ったこともあった。それが明治になってお赦《しゃ》になって、講釈師になった。この南西から、伯山はこまごまと御牢内の模様や習慣を聞き取ったのである。この知識が実感の点でどんなに伯山の「祐天吉松」を生かしていることか。

　無駄話はこの位にしておいて、いよいよ伯山論に移ろうと思う。伯山はなぜあれ程素晴らしい人気があるのだろうか。その点を明らかにすることがやがて伯山を論じることになると私は信じる。一口に云えば、民衆の要求しているものと、伯山の提供するものとがピッタリ一致しているからである。では、民衆が要求しているものは何か。英雄である。ロンドンやパリの百貨店《デパートメント・ストア》の女売子《おんなうりこ》や帽子女工《ミリナア》は、華族や富豪の出て来る小説でないと喜ばない。つまり現実ではとても求め得られないそういう世界へ一時でも連れて行《ゆ》かれたいのだ。それと同じ心理で、弱い民衆は英雄を求める。強者《きょうしゃ》を求める。澤正《さわしょう》〔澤田正二郎。俳優〕の芝居が人気を呼ぶのはこの心理である。伯山が満員を打ち続けるのも同じ理由からである。次郎長は伯山の世界では最大強者である。英雄である。民衆はそこまで引き上げられることによって手もなく喜ばされている。

しかし、いくら強者でも英雄でも、不正義であってはいけない。民衆はよしその場限りであっても正義を求める。道徳を求める。伯山の芸はその点でも民衆の要求とよく一致している。彼のよむ講談のうち、一つでも「善が勝って悪が負ける」簡単明瞭な正義感の盛られていないものがあるだろうか。「清水次郎長」でも「夕立勘五郎」でも一度でも聞いたことのある人は、私のこの説を肯定するであろう。彼の人物は親分ならば乾分《こぶん》思い、乾分ならば皆親分思い、子ならば親思い、金持なら貧乏人思い、貧乏人ならばいずれも義理人情に厚い理想的人物ばかりである。そうしてそう云った人物の最後の勝利が語られている。中でも、清水次郎長の如きは、完成人《かんせいじん》として現《あらわ》されている。しかもこの完成人に対する演者の崇拝的熱情が、いかに次郎長の人物に生彩と実感とを賦与《ふよ》していることであろう。

誠に伯山は火山のような情熱の所有者である。この天性が、やがて興奮を待っている民衆の第三の要求に合致しているのである。その最もいい例として、私は「善悪二人娘」の一節を挙げるに躊躇しない。甲府肴町《さかなまち》の郡内屋《ぐんないや》喜《き》十郎《じゅうろう》の病間に、女房おさだと密通した野村軍八郎は、主《あるじ》は毒害した上、おさだの入れ知恵で、江戸へ仕入れに出て今帰路にある先妻腹《せんさいはら》の悴《せがれ》芳《よし》之《の》助《すけ》を、小仏峠に待ち構えて亡《な》いものにしようとする。その相談を洩れ聞いた飯焚きの八助《はちすけ》が、先潜《さきくぐ》りをして急を伝えに行く。バッタリ芳之助と行き逢った軍八郎は、大刀《だいとう》を振り被ったまま峠の上から追い込んで行く。二人の間は次第次第に狭まって行く。八助は絶体絶命になって、軍八郎の胸尖《むなさき》へしがみ附いた儘《まま》ぶら下《さが》る。軍八郎は苛《いら》って、渾身の力を振り絞って八助の髻《もとどり》を摑んでグイと引き離そうとする。離れまいとする。ここで軍八郎は満面に朱を漲《みなぎ》らしながら、無理に八助の首を胸許《むなもと》から引き離すと同時に、一方の手に持《も》っている刀で力一ぱいに喉笛《のどぶえ》を突き通す。このあたりの伯山は全く情熱に燃え上《あが》っている。

芸のこまかな味わい、それは伯山からは求め得ない。伯山の出世芸の「小猿七之助」を、弟子の伯龍が同じ出世芸にして、而《しか》も「師匠まさり」の讃辞を恣《ほしいまま》にしたのも、味の点に於《おい》て優《まさ》っているからであろう。唯伯山の芸を価値附けるものは、あの実感の流露であろう。もう一つは、人物の偉大化である。弟子のろ山《ざん》が真似て次郎長をよく読む。それを聞くと、哀れな位次郎長が小さな人間になってしまっている。外《ほか》の人のよむ「天保水滸伝」の笹《ささ》川繁蔵《がわのしげぞう》でも、伯山のそれと比較すると、実に小さい。チェスタートンというイギリスの批評家が書いた小説家「チャールズ・ディッケンス」伝の中に、こういう意味のことが云われている。ディッケンスが書くと、どんなつまらない人物——例えば、料理人とか御者とか、手紙を持って使いに行く人物とか、そう云ったごくごくの端役を務める人間までが、まるで主人公と同じように読者の注意を引き記憶に残るように描き出されている。ちょいちょいと一刷毛《ひとはけ》か二刷毛《ふたはけ》で、忽《たちま》ち巨大な人物にしてしまう。――そう云ってディッケンスの大手腕を推奨している。

伯山話中の人物が正にそれに等しい。一例を挙げれば、大和田友蔵《おおわだのともぞう》一家と、黒駒勝蔵《くろごまのかつぞう》一家とが、天竜川を挟《さしはさ》んで雌雄を決しようとする前の晩、友蔵の手紙を持って清水港《しみずみなと》へ使いに行く老爺《ろうや》がある〔清水次郎長〕。この老爺は端役中の端役であるにも拘わらず、数年来未だに私の記憶の中に鮮《あざや》かに残っている。その他数えたら枚挙に遑《いとま》があるまい。

以上私は伯山の人気のある所以を闡明《せんめい》〔明らかに〕しながら、彼の本体をも語って来たつもりである。最後に、五十一歳の伯山が今後ますます意気の老いざらんことを祈って筆を擱《お》こうと思う。なぜと云って、意気の壮《さか》んなることが伯山の生命だからである。

（「新演芸」大正一二年八月／『場末風流』昭和四年　中央公論社）

三代目神田伯山のこと

有竹修二

一

およそ、大正年代に講釈場通いをした人で三代目伯山を嫌いな人はあるまい。細面痩型、切れの長い目、はげあがってオールバックのような頭髪、しゃがれた声、結城紬《ゆうきつむぎ》に紺足《こんた》袋《び》。張扇は威勢よく叩く。にんまり笑うと、柔和な顔になる。

浅草の草津の裏手に、「稲ぎく」という御座敷天麩羅《おざしきてんぷら》があった。この店は、落語家の小《こ》勝《かつ》がよく褒めていたが、伯山も門弟を連れて食べに行ったそうだ。私も二十代、生意気盛りのころ、浅草花街の連中と一緒に出かけたが、この家の主人に、伯山のことをきくと、「ええまるで清水の親分が子分をつれて来ているようですね。まだ隅の人が食べているのに、オオ、勘定だ、といいながら財布を出す人ですよ」

この稲ぎくの親爺の一言、まさに伯山の風貌をまのあたりに見るおもいがする。

私は、八丁堀の聞楽亭で、「祐天吉松《ゆうてんきちまつ》」をきいたのが病みつきで、暫くはこの人の真打席を追っかけて歩いた。そのころ、都新聞に、東京講談組合の広告として、毎月各席の出演者名がずらり並んで出たものだ。私はこの広告で彼の出る席を見て、そこへ日参した。組合外の席へ出るときは、この広告に出ないので、伯山の家へ手紙を出してきく。すると必らず、返事が来る。自筆らしいのもあり、ときに「五山代」とかいて、いまの伯山、当時の五山君の代筆のもあった。私はその返事を見て、深川、永代橋向うの桜館へ十日間通った。桜館は、黒江町の通りの右側を一寸入りこんだところにある静かな席。その夜講で、伯山は「夕立勘《ゆうだちかん》五郎《ごろう》」を読んだ。大庭左四郎、さんばら辰、花屋金兵衛、高窓花魁《おいらん》、上州藤岡無宿矢車幸次、等々の人物が出て来る。「その夜は明けた、あけの朝、勘五郎うがい手水に身を清め……」と伯山いとも朗かな調子だ。師匠の仇、大河原、服部の二人を追って信州から越後路、三国峠の闇試合等。すべて伯山に打ってつけの話。

四月の花時の夜講、小柳亭で、同じく「次郎長」をきいたとき、荒神山のやま場がすぎても、客足が減らない。その月末の夜、九時すぎても伯山が来ない。席亭もじりじりして電話を掛けている。

漸く九時半ごろにやっと例の三つかんの定紋のついた俥が木戸に着いた。その日、二代目伯山こと松鯉（先代）がなくなったのだ。そのため彼の楽屋入りがおくれた。伯山は、

「とにかく十六歳のときから手塩に掛けて育てられた親同様の人に死なれて……今晩の高座はどうしても威勢が出ません、どうか御勘弁を……」と前おきして仁吉焼香の場を読んだ。

　このとき、伯山は「江戸の名物が一つなくなりました」といった。二代目伯山は高座生活が長い人であった。彼こそ、本格的の講釈師であった。三代目伯山は自分の師匠を江戸の名物といったのである。

　私は伯山の読物は、たいていきいている。「清水次郎長」「小猿七之助《こざるしちのすけ》」「祐天吉松」「野《の》狐三次《ぎつねさんじ》」「夕立勘五郎」「菅野弥一郎《すがのやいちろう》」「青木弥太郎」「戸田松太郎」「霞のお千代」のほかに「宮本武蔵」や「鉢の木」のような堅いものもある。

「天保水滸伝」も一度きいたことがある。「戸田松太郎」（二人娘）は、貞水が得意で読んだが、いまは読む人がない。「霞のお千代」は大阪種の話で、伯山が師匠をしくじって、大阪へ行っていたとき、いくつかの大阪種を仕入れて来た。その中のひとつである。

　私は、「祐天吉松」の序開き、両国広小路の盛り場で、吉松が加賀屋のお嬢さんのかんざしを抜きとろうとし、乳母に掴まり、お嬢さんが、巾着切りを承知で惚れる。やがて吉松が経師屋の職人で、加賀屋へ仕事に行くところ、伯山の描く纏綿《てんめん》たる江戸情調に魅せられた。

「小猿七之助」もよかった。七之助が大川端、本所石置場かで、人を殺して金を奪った侍を殺して、その金を取り、病気で寝ている深川相川町の父網打七蔵のところへゆき、金を出すが父はその金を不浄の金と観破し受取らない。と、舞台が変って、浅草の御守殿お滝のすまいだ。母親の鷹爪とあだ名のある悪婆。これがお滝をせめて、おろし薬を呑ませようとしているところへ七之助がかけこむ。七之助が金を出すと婆さんは笑顔になったが、何か食物を註文にゆくと称し、訴人する。七之助の二ノ腕に血がついているのを見たのだ。たちまち捕吏が七之助を取り巻く。「婆ァ、訴人しやがったな」と匕首《あいくち》をふるって七之助は捕吏の手をかいくぐり逃げる。

啖呵《たんか》のよさはいわずもがな、きまりきまりの高座の上の形のよさ、その江戸前の男振りとともに錦絵を見るようなおもいがした。かくして、私はいよいよ、伯山の世界に溶けこんだ。

二

いつぞや森暁紅《もりぎょうこう》〔明治～昭和期の編集者、演芸記者〕さんとつれだって高橋の永花亭へ行ったことがある。そのとき、ろ山〔先代〕〔初代〕の信夫の常吉を聴いたが、それを聴きながら、森さんは、「こんな読物を聴くと、やはり伯山はうまかったと思いますね」といった。先代の馬琴〔四代目〕が「伯山、貞山、蘆洲と三人の中で、芸ということでは、うちの蘆洲が、いちばんうまい……」といった。たしかに、講釈の芸、殊に世話物にかけては、蘆洲は伯山、貞山を抜いていた。が芸という点に絞って伯山を検討してみてもやはり、この人の一種のうま味を認めざるをえない。

伯山のうま味は登場人物の表現である。前回に挙げた例でいうと「祐天吉松」に出て来るお旦那半次という特異の風格のある白浪。しょい呉服で泥棒、しかも一種の義賊的人物が、伯山によって巧みに描き出されている。「夕立勘五郎」というと、越後の「輪島の千代造」という親分が、いかにもその人らしく描写されている。大河原、服部の二人に、鯉の掛地を示して自刃をすすめるあたり、いかにもそんな分別のある親分がいそうな気がする。

「霞のお千代」では、半兵衛という商家の若旦那で剣術の出来る人物が、伯山好みで、浮き彫りにされる。

「清水の次郎長」では、数十人の人物が出て来るが、それがいずれも特徴があって面白く描かれている。まず次郎長その人、大政《おおまさ》、小政、半五郎、大五郎、常五郎、鶴吉、鬼吉、石松、仙右衛門、仁吉、長吉、玉吉、武蔵屋周太郎、寺津間之助、門井紋之助、熊五郎、利三郎から、小川勝五郎、小松村七五郎、本座村為五郎、後日物語に出て来る庄太郎、安太郎、等々多彩なる登場人物。そのいずれにも、銘々伝的の話が出来ている。

「次郎長」は、ほとんど伯山の創作といっていい。実に原本を拡大強化したものである。荒神山に江戸ッ児が一人も登場しないのは残念だと、江戸の鳶を一人（コ組の栄太）参加させている。

私は、次郎長伝では、小松村七五郎、本座村為五郎、門井紋之助などが案外おもしろい人柄だと思う。庄太郎、安太郎は全くの創作で、伯山は、寺田森太郎の話から抽出し、次郎長伝に附加えたものだが、独立の読みものとして面白く、栃山の小次郎、堂山の竜蔵などという田舎の博奕打ちが出て来て、別な味がかもし出される。

一つの講談で、これくらい登場人物の多いのもあるまい。伯山の描く人物には、いくつかの型がある。勘五郎、次郎長といった棟梁的の立派な人物。大瀬の半五郎、大政といったどっしりとしていて度胸のある人物。石松、鬼吉、または夕立勘五郎に出て来る「さんばら辰」など、短気で無鉄砲に強い男。根性の悪い男として、立花金五郎（祐天吉松伝）、帆桁の久六（次郎長伝）のごとき人物がいる。

伯山は、こうした登場人物について、自分の口で直接に説明しないで、その言動によって自然に人柄を描き出すのである。門井紋之助などは料理屋の店先に大あぐらをかいて徳利を十数本も並べている、その有様だけで、紋之助の用心棒らしい風貌が想像される。加納屋利三郎は、いかにも町家の若旦那から半可打ちになったいい男らしい姿が出ている。竹居の吃安《どもやす》と黒駒の勝蔵は、徹底的に悪人になっている。実際はそれ程でなかったらしいが、伯山は次郎長を引立てるためにこの二人のうち特に吃安を極悪無道に描写した。小松村七五郎は、どこまでも森の石松の身の上を心配する善人だが、本座村為五郎という人物は、敵味方のハッキリしない去就不明の男になっている。田舎の一本立ちの博奕打ちとして、こうした立場を取るのがいたのであろうが、この男の描写などがもっとも自然でおもしろい。

伯山先生は、あまり実業界のえら方などとは、つきあわず、鳶の頭だの親分衆との交際が多かった。これらの人々とつきあっているうち、自然と、このような社会の空気を知り、その方面のいろいろの人物を見ききするうち、侠客描写のコツを体得したのであろう。千種万様の渡世人を適宜にしわけている。

一口に三尺ものといっても、夕立勘五郎、幡随院長《ばんずいいんちょう》兵衛《べえ》のような元締と、大前田英五郎のような田舎の博奕打ちと、小猿七之助、祐天吉松のような江戸の市井に育ったやくざもの、この三つがおのおの趣きが違うのである。この区別は、先代馬琴などは、ずいぶんやかましくいった。国定忠次の啖呵と野狐三次のそれとは調子も違うし、音声までが変らねばならぬ。

その点、伯山は、それ程、神経質に仕わけはしなかったが、自然とその差別のつくような描写の技術があった。

三

「トッチャン小僧」という綽名《あだな》は伯山に打ってつけであった。もっともらしいことをいうかと思うと茶目なことをやらかす人であった。

秋山という支配人がいたが、不始末があって首にした。その秋山が、小柳亭の楽屋へ訪ねて来た。伯山社中の人たちが適当に相手になっていたところへ、伯山が現れた。むろん口をきかない。門弟たちも黙った。気拙《きまず》い空気になった。そのうち秋山は、「では失礼します」と帰ろうとした。すると、それまで苦い顔をしていた伯山が

「秋山。これを持ってゆけ」と、いつの間にか紙に包んだ、なにがしかの金を出した。秋山は、叩頭恐縮してたち去った。

傍らに、これを見ていた松鯉師は「えれいなあ」と感心した。

いかにも伯山らしい話である。自分に不義理をして暇を出した男が、面を冠ってやって来るからには、よほど金に困ってのことときまっている。「秋山、これを持ってゆけ」というあたり、伯山の面目躍如たるものがある。

これは実にいい話だが、茶目気の話。深川のある席亭に出た。ある夜、雨が降り出した。伯山は例の三つかんの紋のある俥に乗って帰るが、弟子の山陽（伯英）とろ山（先代）は、傘がない。席亭の婆さんは傘を貸してくれない。二人して濡れて帰ったが、どうも席亭の婆さんが癪にさわるので、翌日永代の橋袂に立って伯山の来るのを待ち受けた。やがて師匠の俥が来たので、二人はその行手に立って大手をひろげ、「師匠、駄目だ、席亭の隣が火事で今日は休業だ」といった。

すると伯山「しめた!!」というなり、俥を廻れ右させて、神明へと馳せさせた。そのころ、神明の婦人に凝っている最中であるからたまらない。二人のいうことが少少あやしいとは思ったろうが、これ幸いと神明町へゆき二、三日御滞在。席亭は、伯山が二、三日も抜いたので、吃驚して、伯山のところへ馳せ参じ、「師匠、どうして来てくれないのですか」という。ろ山、山陽のうそは暴露したが、伯山一向怒らない。

お座敷はきらいで、大抵断る。柳橋の亀清だけは特別な関係で出かけたが、あとは、みな断る。

つきあいは鳶の人が多い。実業家などはいない。いつも門弟を連れて、成田へ参詣する。そして宗吾様〔江戸時代の義民・佐倉宗吾を祀った寺〕へ寄る。宗吾様の墓に伯山の寄進した玉垣があるが、これはある日参詣したとき、その場で石屋にたのんだものだ。

二十数名の弟子が皆若くて遊び盛りだから、金を借りる。また気前よく貸す。ある日、田舎の興行師が興行を頼みに来た。伯山が不在で、松鯉師が応待し、手附金を受取った。が、その金を持ってドロンをきめた。何日かたって、その興行師がやって来て、「師匠、いつ来ていただきますか」という。伯山は「なんのことですか」という。「実は先日参って、手金をお渡ししましたが」「へい、どんな男に」実はこれこれこういう人に、というので、たちまち松鯉師の悪事、露見。「あ、あいつ、又やったね」と伯山はおこらない。万事この調子だ。昭和七年一月三十日、この世を去ったが、その前年の暮、いやしくも、かつて関係のある婦人のところを一一俥で廻って、かたみの品と金を渡して歩いた。だから死んだあと財産らしいものはなかった。松鯉師の話によると二十四円しかなかった、ということだ。いくら、昭和七年のことだといって、二十四円はすくなすぎる。江戸ッ児の標本みたいな人である。父は、京橋《きょうばし》五《ご》郎《ろ》兵衛《べえ》町《ちょう》、花屋で岸田熊次郎。背中に、唐子人形の彫物のある堅気の鉄火。昔から花屋と豆腐屋に貧乏な奴はいない、といった派手ッ気の人であった。

この父があったため、伯山は若いときから遊んでもボロは出さないですんだ。この父の葬儀は大したことはなかったが、お袋の葬儀のときは、豪勢なものであった。浅草馬道の家の前に、酒樽を抜いて、ひしゃくで酒を振舞った。

袴がきらいで結城ぞっきに紺足袋が似合った。洋服はついぞ着たことがなかった。上海へゆくとき洋服をつくったが到頭着なかった。金を出して俥を引く人の背中に彫物を彫らせた。痛がる奴にはコカインをまぜて彫らせた。お神輿をつくって祭礼のとき近所の子供にかつがせた。新内の流しを呼んで一席、語らせるのが好きだったが、自分では音曲類は一切やらなかった。

四

一龍斎畑は、たしか現在の貞山で七代目。神田畑は、いまの伯山で五代目。六代目貞山（桝井）のあとを、現在の貞山師が襲ぎ、三代目伯山（岸田）のあとをいまの松鯉師が継承し、さらに五山から如燕となった現在の伯山師が五代目を名乗っている、戦前「三代目」といえば次郎長の伯山。六代目といえば義士伝の貞山のことをいった。あたかも芝居の方で、五代目、六代目というと菊五郎、九代目といえば団十郎を指すのと相似たものであった。それほど講釈の世界で、一龍斎と神田がこの道の旧家、名家であるわけだが、同時に歴代の宗《そう》家《け》に名人上手が出たに違いない。

神田一家は、神田邊《べ》羅《ら》坊《ぼう》寿《す》観《かん》の門弟、神田伯龍をもって始祖としている。田辺という一家も神田邊羅坊寿観からその名が出ている。田辺一家は、本来、南鶴という名前が宗家だったが、その一門の南龍という名人が出たため、南龍が宗家名となった。それと同様、神田も伯山という大家が出たため、この名前が家元になって、伯龍は門下の名前になってしまった。

初代伯山には八十二人の門下生があった。これは「天一坊」という読物を創作した人である。この初代が、もっとも年齢の若い伯勇をもって自分の後継者とした。すると、兄弟子の伯鱗が怒って、「俺を木偶坊《でくのぼう》にしやがった」といって、自ら木偶坊伯鱗と名乗った。

この二代目が後の松鯉、現在の松鯉師のお父さんであることは、周知のとおりだ。伯山襲名は明治初年のこと。日本橋の伊勢本《いせもと》で、二代目襲名の看板をあげたが、そのころは昼席は六カ月興行で真打は三席やらねばならぬ。二代目は読物の不足を感じ、なにかいいネタはないかと苦心した。

ちょうどその時、母親が入谷の鬼子母神へ参詣した帰途、坂本の通りで、大道講釈の鶯《おう》聲《せい》という人が「水滸伝」を読んでいるのを聴いたが、これがなかなか巧い。当時、大道講釈が、下谷の佐竹だの浅草の瓢箪池あたりにいたものである。佐竹ヶ原の石川力山というのはもっとも有名だったが、この鶯聲の「水滸伝」もなかなか達者だった。

二代目は母親の話をきいて、この鶯聲を訪ね、水滸伝の伝授を乞うた。はじめは「あなたは伯山という大先生だ。私が教えるなどとは」と、ひやかし半分に応待したが、結局、筋を教えてくれた。さらに二人は、帝国文庫の宋朝水滸伝をひもといて、研究した。本来、武松《ぶしょう》の虎あたりまでしかなかった読物を、二代目が拡大して長い読物に仕立てあげた。そして、ついに二代目の十八番の売物にまでなった。二代目は、武松が虎を張り殺すところで、力を入れて釈台を叩いたので右手の指に怪我をした。金の指輪をして、机の上を叩いたので指が破れて血が出たのである。以来、二代日は高座で指輪をしないことにしたそうである。それくらい、高座が熱心であった。典山の話によると、典山は張扇を軽く叩く人であったがこの二代目に「そんなことはいけない、もっと力強く、威勢よく叩かねばいけない」といわれたそうである。この人のことは、さすがの典山も決して悪くいわなかった。先代の馬琴も、この人を評して、なにしろ高座生活が長かったことを賞讃していた。徳川末期から大正十年四月二十七日、七十九歳で死去するまでの生涯は、記録的なものであった。伯龍が若いときこの人につかえ、黒田騒動だの天一坊を教わったのだが、彼はいった。

「松鯉師匠はいつもよくいった。俺は長く生きて幸せだ。一《はじめ》だの操《みさお》だの実《みのる》は早く死んだが、俺は長命だと」。

三代目は二十七歳で松山から小伯山となり、明治三十七年、三十歳で伯山を襲名した。二代目は松鯉という隠居名を名乗った。神田祭《まつり》の洒落であることは、皆さん先刻御承知のとおりだが、鯉は、支那の松花江のが佳いということ、それに因んで、松鯉としたのである。

初代が「天一坊」、二代目が「水滸伝」、さて三代目は「次郎長」で売った。

五

初代伯山は門弟の数が八十余にのぼったというが、それは長い間を通じての延《のべ》人員である。三代目伯山は、つねに二十余の弟子がいた。しかも、その中に一通り読める人が大勢いた。その有様は宛然講談界の「出羽の海部屋」とも称すべき盛観であった。三代目の芸と人柄が、講談師を志す当時の青年にとって魅力的であったのであろう。殊に三代目は門弟を可愛がった。昔から芸界では、師匠を取替えるものが多く、講釈の世界もそのお多分に洩れないが、伯山社中から転じてほかの社中に移るものは一人もなかった。

しかも、その社中に、多くの秀才が生れたが、伯治、伯龍、ろ山、山陽の四人は、まさに門下四天王とも称すべき存在であった。四人ともに、共通の伯山調があるが、また、おのおの独自の芸域を持ち、もし、もすこし長命だったら、いずれも今日の講談界を背負ってたつ人人であった。師匠二代目（松鯉）から引きついだ人として、小伯山（現在の松鯉）と伯鱗があり、伯州という中座読みもいた。

早くなった伯鯉という人も、東北訛《なま》りがあったが、落ちついた読口で、「相馬大作」「大島屋騒動」などを得意に読んだ。

この人の弟愛山は、支那事変に出征して若死をしたが、この愛山こそ、三代目の講釈を伝える人で、その素質に天才的なものを持っていた。一龍斎畑の貞三（のち、貞鏡）とともに、その早逝はおしみても余りがある人であった。

かくして、今日の神田門葉《もんよう》は、松鯉、伯鱗の二長老と往年の五山である五代目伯山と二代目ろ山。それに、伯龍の高座調を残す光庸（後の六代目伯龍）。先代山陽と大島伯鶴の芸風に母胎を求め、それに自家独特の技能を加えて一家をなしている二代目山陽によって維持されている。

さて、三代目四天王のうち、小島政二郎さんにいわしめると、伯龍こそ師伯山を凌ぐもの、というであろう。まさに、伯龍の芸は、大正時代に、既に完成されていた。世話講談の名手、文慶の持っているものをそっくり全部いただいた彼は、実に純世話《きぜわ》ものでは、先輩、蘆洲、典山に拮抗するものがあった。伯山譲りの読物でも「小猿七之助」「野狐三次」などを読むと、伯山以上の色気があって、師匠勝りといってよかったが、「吉原百人斬」「緑林《みどりのはやし》五漢録」「藪原検校《やぶはらけんぎょう》」「伊勢の初旅」「みの吉殺し」「天保六花撰」「四谷怪談」「小《さ》夜衣双紙《よぎぬそうし》」等と来ると典山、蘆洲と対抗できる高度の芸であった。

片腕のきかない軀で、その綽名のように少々、なよなよしたからだつきが、その高座、その釈台の上に一種特有の妖気を漾《ただよ》わした。

私は、はじめてこの人の芸を知ったのは金車亭の昼席で伯山が「次郎長」を読んだとき、その前座に出たのをきいたのが始まりだったが、その後八丁堀の寿亭で真打に出て「緑林五漢録」を読むのを毎日通って聴いた。

お八重竹次郎、業平小僧金五郎の出会い。関宿船で、金五郎が竹次郎の金子、五十両を奪い、宝珠花で船を下り、松の木を目じるしに河中に投入れた財布を水にもぐって拾い出し、立去ろうとするのを、同船していた按摩が「兄い待ってくれ」と呼びとめる。これが、野衾《のぶすま》小僧幸次で五漢録五人の盗賊の一人、金五郎、幸次の出会い——という一席。金五郎のため大事な五十両を奪われたお八重は、金五郎の実の妹。この妹を探し求めた挙句、金五郎が浅草田中の侘住居にお八重竹次郎と邂逅する。田中の村雨という一席。それから江戸町二丁目岩井屋六兵衛という青楼に土堤で出逢った尺八指南と化けた獄門小僧初之介とともに乗込み六兵衛を殺す。初之介は千山という華魁とともに府中の大尽のところへゆく。初之介はうまくこの大百姓の婿となり、子をもうけたがその子が口をきかない。小河《おごう》内《ち》の温泉で深夜、子供を抱いて小便をさせていると、子供が口をきく、ハッと思った途端、初之介が手を放した。子供は谷間へまっ逆さまに落ちてしまう。この子が拾われて飯泉《いいずみ》観音の神官の子として育てられ、後に天狗小僧霧太郎という大盗賊となる。この霧太郎が後に八王子あたりの宿に泊り、折柄泊った軍鶏丸《とうまる》駕籠の重大犯人と出会う。これが自分の実父、獄門小僧初之介だ。初之介と幸次が捕われて、江戸に差立てになる途中のこと。初之介の述懐をきいて、霧太郎はさては実父と察し名乗ろうとする。初之介も霧太郎の着けている衣類の柄行きで自分の子と察するが親たることを名乗らない。

　このあたりも絶品だった。この講談は蘆洲が巧かった。蘆洲のあとをついだ麟慶（松村傳次郎）（のちの四代目蘆洲）も一種の風格があってよかったが、伯龍の高座が醸し出す特有の空気は忘れられない。

六

　神田伯龍の読物は、前回に申しあげた「緑林五漢録」のほかに、「恋闇佃漁火《こいのやみつくだのいさりび》」（みの吉殺し）「吉原百人斬」「天保六花撰」「藪原検校」「村井長庵」等がある。このうち、みの吉殺し、百人斬、天保六花撰は、典山という先輩が名人芸を残している。藪原は、蘆洲が妙技を示している。若輩の伯龍は、この二人の先輩にたちまさるとはいえないが、天保六花撰の直侍が三千歳を男の姿にして吉原から、連れ出し、練塀《ねりべい》小路の河内山の邸へ逃げ込み、三千歳の軀は河内山のところへ置いて再び廓へ引返し、ここに一夜をあかし、逆手に出て三千歳がふだん羽織っていたお召のねんねこ半纏を引っかけてなかの銭湯へゆく。そして、すぐお召捕となり、町役人小出道之助の調べをうける。ところへ河内山が出掛けて行って小出をとっちめる。このあたりの伯龍の芸は天下一品であった。また、縄抜けをした金《かね》子《こ》市《いち》之《の》丞《じょう》が、故郷総州流山へゆく途中、一風呂浴びて垢《あか》をおとしてゆこうと、通りかかった箕輪の銭湯へ飛び込み、按摩の長栄（芝居だと丈賀）と一緒になり、三千歳が、その近所の寮に出養生にきていることをきき、手紙を渡してくれとたのむ。この銭湯での長栄の話（それは市之丞が大口《おおくち》楼の店先で召捕りになったときの情景だ）、それをきき入る金市。このあたりの描写は、伯龍芸の極致だった。

伯龍は伯治とともに二代目伯山（松鯉）の「天一坊」「黒田騒動」もよく読んだ。ある日、黒田の紋づくし、という堅いところを読むのをきいたが、あとから出た陵潮が感心していた。

「小猿七之助」「野狐三次」は、大体は伯山写しだが伯龍特有のいろ気がこぼれるようなところがあった。一々拾って話せばキリがない。「加賀騒動」の中の「孝行鉄」「鋳掛松」等もよかった。

伯治は四人の中で、もっとも講釈として格調の整った、本格の講釈師だった。さすがに講釈師を実父に持った人だ。高座つきが形がよく、キリッと締ってスキがない。小柄な好男子。おそらく戦前の講釈師の中で随一の江戸前の男振りであり、しかも凜然《りんぜん》とした名調子。美声で、ドスもきく。

伯山の読物はみな読む。「野狐三次」「祐天吉松」「天保六花撰」「小金井小次郎」など、器用にこなすが、同時に、「加賀騒動」「柳沢昇進録」「天一坊」等は松鯉から教わったものとして、本格に読む。とくに、柳沢で、護持院の坊主竜光が、逆の禱りで将軍家を調伏しようとするクダリは、馬琴、典山という先輩の至芸があるが、伯治のそれもよかった。御承知のように、この人は伯山調の上に、相当、典山に傾倒し、典山調を張った。しかも口跡《こうせき》に多分に六代目菊五郎の調子を採り入れた。自他のやりとり、殊に江戸前の男の台詞《せりふ》に六代目調をまじえていた。

難をいえば、小さくまとまりすぎた観があったが、彼の年配として、これくらい完成した芸を持つものはいなかった。「鼠小僧」「安政三組盃」「野狐三次」「二千両小判梅葉」（富蔵藤十郎）等世話物もいいが、もし長寿を保ちえたならば、堅いもので、お客を楽しませてくれたろう。

七

山陽と来ると、伯山畑の人とはいえども、もっとも伯山の芸風と異るものを持つ人であった。伯山にもっとも近いのがろ山、それから伯治、伯龍は、伯山よりも、文慶の衣鉢《いはつ》をつぐ人であり、それに伯龍独特の世界をきりひらいた人であった。

山陽は、伯英といった時代から、また一種特有の話術の世界を持つ人であった。伯龍は、「小猿七之助」「祐天吉松」等、師伯山の十八番ものを一通り、読みこなした上、文慶の財産を相続し、世話講談の極意をきわめたが、山陽は師匠の読物は、「野狐三次」くらいしか読まない。読めば、どれでもやってのけたであろうが、あくまでも伯山畑の世界にとじこもっていない。

「吃又《どもまた》」のようなものを読む。「甲斐勇吉」といった貞吉師の十八番を読み、それを十二分に読みこなし、山陽調につくりあげている。「木村長門守勘忍袋」もやる。が、なんといっても、彼の得意とするのは、「血刀金兵衛」（芝居でやる「引窓」、濡髪長五郎）だが、これは、むろん、神田畑にない。桃川燕楽という大阪下りの講釈師から習ったものだが、完全に江戸前に改修している。

かと、思うと、「鈴ヶ森砂風呂おはる殺し」という新聞種を読んだ。これは大正四年に起きた刑事事件をまとめたものだが、この話の女主人公砂風呂の女将《おかみ》、おはるが小守壮輔という情夫と馴染むところなどは、実に情緒てんめんだった。

あの軀で、どうしてあんないろ気が出るかと思うくらい。ところが、私はこの講釈を一度しかきいていない。もひとつ、彼の演出するいろ気として記憶するのは、「天明白浪」で、鼬《いたち》三次と稲葉《いなば》小僧新助が麻布古川端の寺へ泥棒にはいる話だが、その前に、三次が人の女房と密通しているところがある。そのあたりの描写が、かなり猥褻《わいせつ》であった。この話をそのまま、神戸でやったら、すぐ警察に呼ばれて叱られたそうだ。私はこの話を、森暁紅さんら数人の人々と、ある場所に彼を呼んできいたが、彼が情痴の世界を描出する才能の天下一品なることを知った。

「官員小僧」という明治の泥棒の話は伯山のものだというが、彼一人の読物となっていた。要するに、恐ろしいスピードのある彼の能弁は天才的だった。「青竜刀権次」「井上巡査」といった大島伯鶴の読物は、この人によって継承さるべきであった。

それにしても、山陽は一種独特の芸風の人としてその早逝は斯界のために惜しみても余りがある。

さて、今日の五代目伯山は、もと如燕を名乗ったが、私たちは、彼の青年時代の五山の名がなつかしい。

伯龍、ろ山、山陽らは、伯山と別行動を取る場合が多かったが、五山はいつも師匠の秘書のごとくその主任席の前に出演した。私は、いつか（震災前）深川の桜《さくら》館に伯山が出たとき、十五日間、永代橋を渡ってこの席に通ったが、そのとき伯山は、「夕立勘五郎」を読み、五山はその前で、「琵琶歌」を読んだ。この新講談は、いまは読まない。

「村井長庵」も彼の十八番で伯龍とは違った趣きがあった。

彼独特のものとしては、「お艶殺し」（谷崎潤一郎原作）が得意の読物であった。これは今日もなお、彼の十八番の一つであるが、実に手馴《てな》れたもので、新作物という感じがしない。

「大菩薩峠」は、比較的近年のものだが、これも彼一流によくこなしている。この作品は、大菩薩峠で机竜之助が盲人を殺すところから、上野の山で、島田虎之助が大勢の侍を相手に鬼神の働きをするところまでが、ヤマだが、伯山師はこの名作の神韻渺茫《びょうぼう》たるところをよくその高座に描き出している。

　実録の「国定忠治」（子母澤寛作か）などもきたえあげた侠客物の調子に、新作の味を出していて妙である。「関東七人男」（高萩の猪之松と赤尾の林蔵）は、昔はよく読まれたが、昨今この講釈を人が余り読まなくなった。それを伯山がこのごろ、採りあげて十八番中に加えている。先代馬琴が読んで侠客物のお手本のようにしていたが、典山も読んだ。溝呂《みぞろ》木《ぎ》村の新太郎（後に高坂の藤右衛門）の一節は、典山らしいキビキビした侠客物だったが、この種の読物となると、先代馬琴の天下であった。火の玉小僧鬼慶助、桜井伍助のあたり、他の追随を許さぬものがあった。

伯山師も俠客物を伯山の世界から故馬琴の世界にまで拡充してほしい。無職渡世の世界を描く人は、伯山、ろ山、陵潮、麟慶（先代蘆洲）、英昌なき今日、伯山師をもって最適任者であろう。

なお、松鯉、伯鱗の二長老の健康と中堅のろ山、山陽、光庸の今後の飛躍を祈って本稿を終る。

（「講談研究」昭和三八年五月〜三九年一月）

講釈師たち

立川談志

講談のよさが、本当にもっと早くわかっていれば、私は、講釈師になってたかもしれない。山藤章二が贈ってくれた神田伯龍の『小猿七之助《こざるしちのすけ》』をSPレコードで聞いたとき、正直、身体に戦慄《せんりつ》が走った。

講釈師の定席《じょうせき》は、私が弟子になった頃は上野本牧亭《ほんもくてい》一軒。そこが昼席を定席にしていた。定席とは、一年三百六十五日興行を打ってる席のことをいう。ちなみに講釈は昼席が格が上で、夜席は夜講《やこう》といって一段下がる。講釈師は落語の寄席にもスケて出たが、レギュラーで落語の席に出ていたのは、当時、落語協会のほうには、お化けの貞山〔七代目〕、先代の貞丈〔五代目〕。

貞丈先生の演出の一つに、ある噺《はなし》をやっている、面白いが観客は何の噺だかワカラナイ。十五分ぐらいやっていると、「間貫一《はざまかんい》っつぁん」と女が叫ぶ、ここで一息、貞丈先生、「まっ、ここまで話してまいりますてえと、この話が何の話かということは、ま、いくら講談とかかわりない方でもおわかりでしょう。金色夜叉であります」とこうくる。

『金色夜叉』をやるてえと、たいがい歌留多《かるた》会のシーンから始まるんだが、貞丈先生カットバックをやる。聴いてて、フランク・キャプラの『我が生涯の輝ける日』を想い出した。

＊

先生は最初《はな》、名人錦城斎典山《きんじょうさいてんざん》の弟子だ。その後《のち》六代目の貞山の弟子になったというが、典山に惚れていたのだから芸を見る目は本格だ。

加えて、当時名人上手《じょうず》が多くいたあの世界に、若くして太刀打ちするにはセンスだと、センスで太刀打ちして成功したところに、貞丈先生の若き日の栄光と、後へ残らない部分があったのではないか。

それは非常に酷な言い方なのだが、あの芸、あの頭のよさを感じるとき、貞丈師がセンスをほどほどにして、テクニックで立ち向かっていたら、また一味違った貞丈先生ができ上がっていたような気がする。……早逝《そうせい》したのは、返す返すも惜しい。

先生は、講釈師であるけれど、文化人としていろんな人と付き合っていた。曰く、村上元三《げんぞう》だ、渋谷天外だ、早川雪舟《せっしゅう》――、付き合う友人の幅の広い人で、自分の住む講釈という寄席芸の地位を上げようと、努力したのだろう。その影響を受けたのが弟子の貞鳳《ていほう》さんではないかと思っている。

*

落語で演《や》る『淀五郎《よどごろう》』という噺《はなし》、それを『尾上多美之助《おのえたみのすけ》』という落語とはまた変わった角度から見た講談ネタの噺を先生から教わって、そのテープも残っている。先生宅の二階の書斎で私に教えているあいだに、「先生、電話ですよ」なんて声が下から聞こえてくるのが入ってるテープである。

わかりやすく分類しちまうと秀才だったのかも知れない。貞丈先生の頭にヒラめいた天才部分を秀才が処理してしまったのではなかったか……。秀才でない部分もやらざるを得なかった……。つまり鈍才でしか処理できない部分も見てみたかったという気がする。

*

当時、先生は若い売れっ子を連れて歩いていた。その薫陶《くんとう》を受けたのが、当時の小金馬〔のちの四代目金馬、金翁〕、猫八〔三代目〕、貞鳳のお笑い三人組だとか、御子息のその頃は貞花といった今の貞丈〔六代目〕、都家《みやこや》かつ江、悠玄亭玉介《ゆうげんていたますけ》等々で、それらを連れて飲み歩く優越感と、若い彼等に社会を味わわせてやろう、一流というものを教えてやろう、その両方の部分があった。

＊

そんなある日、若き小ゑんの私も同道を許された。そこでパアパア言ったらしい。その頃から今日《こんにち》の気《け》があったのだろう。一緒にいた若き都家かつ江さんが「大変なアプレだね」って。アプレとはまた懐かしき言葉である。若き人に解説。つまりアプレゲールのこと。え、ワカラ・ナイ、なんでもいいや。

＊

話を戻すと、その落語の寄席に出てたのが、落語協会では貞丈、貞山、小伯山（現山陽〔二代目〕）、芸術協会が宝井馬琴〔五代目〕でした。後に山陽師は芸協にいった。あちらは講釈師が少ないから……という理由らしかった。

馬琴先生がデビューした時は、若き中曽根康弘を評した如く、緋縅《ひおどし》の鎧《よろい》を着た若武者のようだと秦豊吉が書いた印象が、ラジオを通じて聴いた宝井馬琴にありました。

馬琴、貞丈、貞山、小伯山とそれぞれ前者二人は上手《うま》く、心地よく、後者二人は不器用でしたが、それぞれの個性で楽しめた。しかし、講釈を数多く聞いてくると、寄席に出ていて、そこでウケる講釈師、つまり、大衆的な講釈よりも、寄席へ来るとウケない講釈師を好むようになる。その世界の講釈師に惚れちまう。

さア、惚れちまうと大衆性を無視（?）していたその人達、その芸にのめり込んでしまうのである。

明治をそのまま生きた実証があり、それが私の永遠に識《し》ることの出来ない時代、場所への郷愁を満たしてくれた。

そして、生き残って明治を伝えてくれた彼等は、何よりも芸に対して頭がよかった人達だった。

私が惚れたこれらの時代と、いま落語に入れ込んでいる常連と称する人達にも、私の想いと同じ気持、内容があるのだろうか……。だが私の感性が言う、「絶対モノが違う」。それは、つまり時代の違いで、どうしようもないものなのだが……。

それが神田松鯉《しょうり》であり、先代の蘆洲《ろしゅう》。この先生は小金井馬秀《ばしゅう》から五代目蘆洲になり桜《おう》洲《しゅう》になった人だ。

*

ここでチョイト受け売りの講談の近世の歴史を話す。明治から大正にかけての世話物《せわもの》の名人といわれたのが、三代目小金井蘆洲、本名秋本格之助。この名人に惚れて志ん生は一時講釈師になったという。

　志ん生は蘆洲の弟子で蘆風。この名人先生は大のズボラで、これは子母澤寛《しもざわかん》先生の随筆にもあるが、若き頃の名を神田伯俚《はくり》、渾名《あだな》を「間伸び」といったという。顔の印象からきた渾名だ。二代目伯山はこの伯俚に伯山の名跡を譲ってやるつもりだったが、これがあまりのズボラで、とうとう講談組合から除外されて、名前もとりあげられて、本名の秋本格之助でやっていたという。

　十五日の席を半分抜いちまうという。抜く理由はカンタン、酒と女とバクチだ。だが、客は不平たれたれ聞きに来た、という。そこで二代目伯山は小伯山に伯山をやった。客は怒ったと。あんな下手なのに伯山をやるベラ棒があるか、二代目伯山は落語の圓喬、義太夫の越路《こしじ》太夫《だゆう》と並んで明治の三名人の一人だ。その名跡をこんな下手な小伯山みたいなやつにやるのかと怒ったという。

　その二代目伯山が隠居して、初代神田松鯉となるんです。つまり神田松鯉《まつり》って洒落だ。

その倅《せがれ》が、二代目の松鯉爺《じい》さんです。で、三代目伯山は『次郎長』で売り出して、八丁荒らしと江戸っ子を唸らせた。全篇江戸っ子という講釈師となって無論名人だ。

三代目の伯山の弟子には俊材が多くいて、曰く、神田伯龍、「おれよりおまえのほうが上だ」という励ましの意味でもつけたのが、神田ろ山。つまりはく山より一つ上のろ山だ。このろ山が一番師匠伯山に似ていたという。勿論、師匠譲りの『次郎長』もやった。そのろ山に次郎長伝を教わったのが御存知、広沢虎造《とらぞう》、それが理由《わけ》で、ろ山が講釈師から総スカンを食った。

当時、一段も二段も低く見られていた浪花節《なにわぶし》だ。私は前座の頃、浪花節語りに外套《がいとう》をかけたら、先々代の顔の長い山路の文治に、「デロレン左衛門に外套なぞかけるな」と言われた。

その落語家を講釈師がまたバカにする。むこうは幕府の御記録《ごきろく》読みだ、そういう意味でプライドがあった。実際には落語のほうが大衆的で人気があったし、その落語よりも浪花節のほうがもっとその頃大衆的で、ヤンヤと観客を集めていたという事実があったのに、いや逆にそれがあったからプライドに頼ったのだろう。

そして、伯英、後の先代山陽、小味だが硬軟《こうなん》使い分けたと常連に言わせた伯治、日支戦線の華と散った若き愛山等々……。私は知らないんです。圓楽は伯龍も山陽も識っている、と言っているが、何せ、あのホラ吹きだ、どこまで本当か……。

だから当然のこと三代目小金井蘆洲を知るすべもない。子母澤寛が、「あたしが雪の描写がうまいというのは、蘆洲の影響でしょう」と書いているが、それが三代目の小金井蘆洲だ。この秋本格之助の蘆洲に惚れて惚れまくって聴いた揚句、中年より弟子になったのがこんどは私が惚れた宝井馬秀、後の蘆洲から桜洲になる人です。秋本格之助の弟子の西尾麟慶《りんけい》、この麟慶が四代目の蘆洲になり、その麟慶の弟子が飲んだくれのトラこと本名岩間虎雄、現六代目小金井蘆洲。

虎さんの師匠、四代目蘆洲は、今残っているレコード聴いても軽くて江戸前のいい芸だ。いい芸なんて言葉で評しては失礼なほどだ。その弟子の飲んだくれのトラが、蘆洲という名は俺の師匠の名前だから返せって、五代目蘆洲を桜洲にして、自分が蘆洲になった。

トラさん、桜洲なんざあ素人の芸だとキャリアに対してバカにしてたけど、なんのなんの結構なもんだ。私はこの桜洲さんから三代目をオーバーラップして想ったものだ。

話が長くなったけど、馬秀から蘆洲になって、桜洲になって亡くなった小金井蘆洲、それから、神田松鯉、加えて邑井《むらい》貞吉《ていきち》、この明治の生き残りの三人が私のヒイキであり、この人達から講釈の素晴らしさを教わった。他にも木偶坊《でくのぼう》伯麟の修羅場、田辺南鶴の軽い明治もの、桃川若燕《じゃくえん》の毒婦もの等、何とも嬉しき芸でした。

＊

貞吉先生は寄席にもよく出ていた。

寄席でやる講釈は、きまって『良弁杉《りょうべんすぎ》』だとか『正直車夫』で正直あんまり面白くない。若い頃は、朗々とした調子であるけど味がないと言われたというが、私にもそれがわかった。それが円熟というか枯れてきて、私が聴いた頃はもう七十近くだ。何とも結構。

＊

貞吉先生が、アメリカに行くことになった。当時のハワイとか、ロス、シカゴなどを回ったという。志ん生の師匠、先代の鶴本の志ん生が一緒。当時はまだ、金原亭《きんげんてい》馬生《ばしょう》。

その馬生がシカゴで落語を一席伺っているうちに、声がとまっちゃった。どうしたんだろうと舞台を見に行ったら、なんとギャングにピストルを突きつけられていたという。

「この野郎、所場《しょば》代払わねえな」とかいうことらしいんだが、アチラの言葉だからワカラナイ。

そこでズドンと一発はなかったらしいが……。

＊

何と往《い》きの船の中で野口英世博士に一席聞かせたといっていたが。古い話だ。まるで歴史を逆行したような話である。

＊

いよいよアメリカに行くと決まったので、英語のできる先生のところに出向いた。

「ひとつ先生英語を教えて下さい」

「急にそう言われてもムリな話だ。まぁあっちへ行ってアメリカ人に何か言われたら、アイ・ドント・ノーと言いたまえ」

「どういう意味ですか」

「あたしは何も知りません、ということなんじゃよ」

これを覚えて貞吉先生は向こうへ行って、「アイ・ドント・ノー」の一点張りだったという。

さて、往《い》きはアメリカの船だったが、帰りは日本の船だ。明日はいよいよ横浜港という日、先生は紋付袴《はかま》にステッキを持って、関羽のような髭《ひげ》ェ生やしていたから堂々たる姿だ。

その出立ちその勇姿《すがた》（？）で甲板の上にいたら、同乗の外人達がこのスタイルを見て、ピャー、ピャー言う。

「何いってやがんだ、この毛唐《けとう》ども、俺を知らねえのか」と言ったら相手が、

「アイ・ドント・ノー」

「むこうも知ってますね、この言葉」

＊

　この人達の語る入《い》れ事《ごと》という諧謔《かいぎゃく》が好きだった。われわれでいうギャグとはちょっと違う、講釈師の余談とでもいうべきか、これがいい。たとえば桜洲さん、

「この女が、鄙《ひな》には稀《まれ》ないーっ女……、なにもそんなに力を入れることはねえんでございますが……。いい年つかまつって、相済いません」

　いい年つか、か、かまつるはいい。

「謝《あやま》るぐらいなら言わねえほうがいいんだけど」ってボソっと言う、こういう頭のよさネ。

　神田松鯉先生、

「大太刀《おおだち》を一《ひと》っぱらいするってえと敵がドッと逃げる、二《ふた》っぱらいするってえとまた逃げ

る、三《み》っぱらいするとほとんどいなくなって、四っぱらいには困った」とか、「一を聞いて、十を識《し》る、頭ぁいいのなんのって、十を聞くてえと百ぅ識る、百ぅ聞くってえと千を識る、千を聞くてえと万を識る、万を聞くてえと億を識る、億（奥）を識るてえと台所へとんで行く」

＊

「秀吉にねえ、伊達政宗が初めて会った。政宗は、秀吉の顔を見ると、〝おっかあ、柿をくんねえっ〟て顔してるから、政宗は小馬鹿にして〝ふふン〟と笑った。秀吉ぁ秀吉で、政宗を見たら、政宗は伊達百万石だが、独眼流片目だ。〝なんだ、これが伊達百万石の主《ぬし》か〟、と思うと、これも馬鹿にして、〝ふふン〟と笑ってたから、オールセームだ。講釈師でも英語ぐらいは知ってんだ。わかりやすくいやあ、タメ、タメはねえ」

タメってなぁバクチ用語で、同目《どうめ》のことだ。

＊

「内府《ないふ》、草履《ぞうり》をとってくんネェ、と秀吉ぁ家康に向かって言った。天下人《てんかびと》になった秀吉が〝くんネェ〟はヒドイが楽しい。〝徳川、下足《げそ》を〟とまた言った、しばらく行くてえと、

〝家康、草履を〟と三度いった。後になって二人きりになったとき、秀吉ぁ家康に向かって〝勘弁してくんねぇ〟。勘弁してくんねぇというのも変だ。〝あたしゃ矢矧《やわぎ》の橋の下で眠っていたときに、お前さんが上を通った。お前さんはそのころ若君だ、俺は野武士だ。百姓上がりの俺だが、いまに天下ぁ取ったときに、お前さんに草履を三度取らせてやろうと心に誓ったんだから、勘弁してくんねぇ。その代わり国ぃ三カ国やるてんで、秀吉ぁ家康に、国ぃ三カ国やった。家康は草履ぃ三度とって三カ国貰った。結構なもんだ。気の毒なのは、本牧の女中だ。客の下足《げそ》を何度とっても一文《いちもん》にもならない……」

＊

　これは貞丈先生に聞いた話で、浪子と武雄の『不如帰《ほととぎす》』。

演者は名人秋本の蘆洲。朗々と唄うが如き美文調、

「思わず浪子はポーンと船べりを蹴るってぇと、武雄の胸にすがった」

　するとお客が、

「おー、先生、待ってくれ。浪子というのは川島子爵《ししゃく》の娘だろう。その令嬢が船を飛んで抱きついて……おい、いい加減にしてくれヨ」ったら、先生ポンと一つ張り扇を入れた。

「おーっ、客人、恋に思案《しあん》があってたまるけぇ」

＊

松鯉、蘆洲、典山の名人達、その一時代前にいくと、秦々斎桃葉《しんしんさいとうよう》、一立斎文慶《いちりゅうさいぶんけい》、文車、俗に巾着切《きんちゃっき》りの文車といわれた、白浪物と当時いった盗賊物の名人だ。泥棒伯圓の松林《しょうりん》伯圓、「伯圓は天一坊で蔵を建て」といわれた人気者。客が講釈を聞きに行こうと、

「おー、きょうは泥棒にするけえ、巾着切りにするか」って言って、あぶなく捕まりそうになったという話が伝わっている。

＊

桜洲さんが、『相馬大作《そうまだいさく》』をやっている。

朝の魚河岸《うおがし》に職人が二人、相馬大作も江戸へ出てきてそこにいる。すると、「パッパッパッと、来た馬の蹄《ひづめ》がポーンと水溜《みずた》まりへ入るてぇと、椀《わん》を伏せたようだから、ピューてんで泥水がとんで、職人の紺の半纏《はんてん》にパッとかかった。〃何しやがんでえ、この野郎っ、ふざけやがって、いくら侍《さむれ》ェかもしれねえが、魚河岸《うおがし》へ来やがって、馬へ乗ってるべらぼうがあるけえ、この野郎、てめえのおかげで質の値が下がっちゃったい〃〃変な啖呵《たんか》ぁ

きるな〟」って、そういう諧謔が楽しくてネ……。

＊

「次郎吉が入って行くと、寺ん中から、村のやつがゾロゾロ出てきたね、えーって、挨拶《あいさつ》をしやがった。〝あっしゃ、この問屋場《とんやば》の何々というもんでございます、親分ひとつよろしく〟〝あっしゃあ、ここのこういう商いの手代《てだい》のこういう者でございます〟〝あっしは〟〝よろしく〟〝よろしく〟〝あっしあ、どこそこの寺の和尚《おしょう》で〟って、ひでえね、坊主まで出てきやがった」

＊

「〝お熊どォーん〟と呼んだ、〝へーい〟といやがったこのお熊ぁ、どうだ、この声聞いても悪そうだろう」

「悪いわけだ、このお熊ってえやつぁ、銚子《ちょうし》ぃ三年叩いて、浦安《うらやす》二年叩いて、それから勝浦叩いて……、何のこたあない、かまぼこみたいな女だ」

＊

「海に千年、山に千年、三千年の甲羅《こうら》ぁ経《へ》て、今度の夕立《ゆうだち》に天上《てんじょう》しようてえ女だからたまらねえ」

今度の夕立に天上するなんという表現はいい。

＊

その松鯉さんが私を好いてくれた。人間て、好きになるとむこうも好きになってくれる。『秋色桜《しゅうしきざくら》』って、これは秋色という名の孝女がいて、これが俳句がうまい。いま上野に秋色の碑があって「井戸端の桜あやふい酒の酔《えい》」って書いてある。この秋色女《じょ》の句が認められて、上野の寛永寺に呼ばれて行く。お父つぁんも、一緒に行って一度中を見たいという。だが親父まで連れていくわけにはいかないから、供にして連れて行く。

途中で秋色は水を飲みたい、持ってきてくれと駕籠舁《かごか》きにいい、その間に父親と自分がすり替わる。駕籠が目的地《むこう》へ着くと、おやじが中から出て来たので騒ぎになるが、実はこういうわけだというと、孝行だというわけで、ますますお褒《ほ》めをいただいたという『秋色桜』の一席。

これをトラさんの現蘆洲が演《や》った。トラさん三尺物《さんじゃくもの》がうまい。現代では名人といっていいほどうまい。これがよしゃいいのにときどき、『乃木大将』とか『西郷南洲』をやると、まるで赤城の山にいるみたいになっちまうのに、これまた柄《がら》にもない『秋色桜』を一席やって降りてきた。そこで松鯉先生、

「兄《あん》ちゃん、きょうの話はよかったよ」

「ありがとうございます」

「火の車お万だろう」

火の車お万とは有名な毒婦だ。

「皮肉な爺さんだ」って言ってたっけ。イヤミで言ってるんじゃあない、見事につぼをえた指摘をしてくれたというセンスの良さを、トラさん、懐かしげに喋ってた。

*

私にとって宝物みたいな人達。明治を生きた、という香りだけではない、内容があった。しかしその人物とて伯龍、山陽といた頃は、けっして主流ではなかった。むしろ下手《へた》な部類であったろう。

その、当時としては主流でない人達ですら威力を感じたのだから、伯山だ、やれ蘆洲だ、

伯龍だと、もしそれを聞いていたならば、講釈師になっていたのではないかと思う。私の親なり、まわりの誰かがもっと早く私を釈場《しゃくば》に連れて行ってくれたら、伯山、蘆洲、典山はムリでも、貞山、伯龍、山陽、麟慶の蘆洲あたりは聴けたのに……無念だ。

君よ見ずや小金井蘆洲ではないけど、それを有竹修二氏の書いた『講談・伝統と話芸』という本が、世に「座右《ざゆう》の銘《めい》」という言葉があるけれども、私にとっての「座右の書」であり、それを通して昔の名人上手達を想像し、桜洲さんからダブらせて、秋本の蘆洲の逸話だとか、芸だとかを想像している、いや想っているのだ。

その講釈も下火になってしまった……。

*

と、いろいろ思いつくまま、気の向くままに書きなぐってきたこの本である。

一体、芸人って何なんだろう。芸人ってなァどう生きればいいんだ。

所詮《しょせん》、答えなんて出るもんか。

でも、でも、でもネ。現代においても芸人の、それも寄席芸、個人芸の良さ、美しさの基準をどこかに置いておくべきなのではないか。

芸人は、こう生きるべきではなかろうか、現代はこうなっているのだから……と『現代落語論PARTⅡ』には書いたのだが。

いい芸はいいんだし、上手い奴ぁ上手い。そして、よくなけりゃあいけないし、上手くなけりゃあ駄目なんだ。

そのためには、芸人の生活は芸人の生活で、一般とは違うものなんだ。

いや、違うところに生きるべきなのを、普通に生きている芸人達、それに対して、そうは生きられなかった人達、言っちまえば、天才であり、非常識な奴以外、芸人になるべきではないのだろうに……。

でも、この現代のこの現実、日本中狂ったとしかいいようのない初めて遭遇《そうぐう》した、この経済の繁栄の中の生活《くらし》。

どうする、どうするんだィ芸人達よ。

もう一度、誰かが考え、教え、実行してやらなければ駄目になる。

それは、TVの世界では駄目な芸なのだ。

大衆に勝手に選ばせている以上、駄目なのだ。ところが、大衆が決めるから大衆芸ともいうのである。

どうしよう。本当に困った。どうしよう。ええい。まま、その芸人の好きなとおりに生きてみろ。

それも昔からいう芸人らしく……である。

（『談志楽屋噺』昭和六二年　白夜書房／平成二年　文春文庫）

第二部　小説

世話物

小島政二郎

講釈師の典山は、此頃《このごろ》、これまでに経験したことのない、変な板挟みの苦しみにさいなまれていた。

今から三月《みつき》程前に、彼等《かれら》講釈師仲間の重立った者と、落語家《はなしか》や浪花節語りなどが内務大臣床次《とこなみ》竹《たけ》二郎《じろう》氏に招待されて、或《ある》旗亭《きてい》で一夜懇談をしたことがあった。その席上、君等《きみら》は芸術家であると同時に、民衆教育家であることを忘れてくれては困る。道徳を道徳として語る時は無味乾燥で俗耳に入り難《がた》い。それを芸術という柔《やわらか》い皮でくるんで、旨く食べさせながら、民衆にいい教化を与えるのが君達の天職である。其《その》意味で、盗坊《どろぼう》や博奕打《ばくちうち》の話はなるたけしないように、そして武士道を鼓吹《こすい》するような話を多く演じて貰いたい。実は、日に日に民心が悪化して行くのを見るに忍びず、君等の力を借りて一国の道徳を健全に保持したいと思うのである。で、此事《このこと》を君達に折り入って頼みたいと思って、実は今夕かくの如く御足労を願った訳である。どうか心おきなく一献を傾けて、君等の意のあるところを遠慮なく吐露して貰いたい。——こう云った意味の懇談を内務大臣から直接持ち掛けられた。

彼等は、お座敷としては随分身分のある人の前へ出たこともあった。しかし、大臣からお客として招かれたことは、臍《へそ》の緒切ってこれが初めてだった。彼等はみんなひどく名誉がってしまった。自分達の地位を初めて社会的に認められたような気がして、みんな感激した。神田松鯉などは、老後の思い出として、この機会を最後に、釈界を引退しようとまで決心した。神田伯山などは「父《とっ》ちゃん小僧」という仇名《あだな》がある位故《くらいゆえ》、まるで社会的の智識などは持っていなかった。で、内務大臣と云えば、自分とは一生縁のない人のように思っていた。名前さえ知らなかった。唯《ただ》、途法もないえらい人のように思い込んでいた。その人から招待されたことは、丁度徳川様時代の素ッ町人が、老中から御馳走になった程の驚きだった。彼は非常に喜んだ。しかし其《その》喜びは、途法もないえらい人から招待されたという、ごく単純な、盲目的な、喜びだった。しかし、それだけに其度は強かった。しかし、その喜びと高座とを結び附けて考えることは出来なかった。彼は明くる日から、すぐ「清水次郎長《しみずのじろちょう》」や「夕立勘五郎《ゆうだちかんごろう》」などを読んで、割れるような入りを取っていた。

唯、典山だけは違っていた。彼は仲間内から「原田甲斐」と云われていた位頭の好い男だった。芸人には珍らしく理窟の分った、理解力に富んだ、耳学問や拾い学問で、兎に角時勢に遅れずに附いて行き得る位の才能を持った男だった。年一回ずつある仲間内の頭取の選挙にも、彼はいつも自分の我儘《わがまま》勝手になる老人を頭取に推して置いて、其の実黒幕にいて自分の思い存分のことをしていた。講談界で、彼の意志の通らないことは何一つなかった。それでいて、みんなからピリピリ恐れられていた。芸に掛けても、彼の右に出る者はなかった。人気こそ伯山の下にあったが、近頃での名人と評判されていた。

彼は相当に社会的知識をも持っていた。従って彼は、内務大臣がどういう位置で、何を司っている役目であるか、それをよく知っていた。そして今、自分達がどういう位置に置かれようとしているのか、それをも彼はほぼ推量することが出来た。しかし、何と云っても、彼は今年五十五の老齢だった。彼の思想はどうしても官尊民卑に傾かざるを得なかった。いや、彼は其最も甚だしい者だった。

彼は招待会の席上で、一番多く内務大臣の意を迎えるのに努めた。恐らく、床次大臣の云った意味が、一番余計に分った者は彼だったろう。彼はいつの間にか皆の者を代表しているような気持になっていた。

彼は名誉心の強い男だつた。自分の芸に対する自信は、これまでにも十分世間から報いられているように思っていた。しかし、床次内相の言葉によると、更にその上に、自分達は民衆教育家だとのことであった。教育家という言葉が、彼の名誉心にひどく媚びた。内務大臣から招待されたこと――それ一つだけで彼を動かすに十分だった。その上、彼は教育家という言葉によって、自分の職業が一段と立ち優ったものにされたように感じた。彼は明日からでもすぐ内相の意を入れて、自分の得意とする世話物をサラリと捨てて、時代物を読もうと其夜のうちに決心を固めた。

しかし、前からの読み続きで、すぐその明くる日から、読み物を変えるという訳には行かなかった。彼は窃《ひそ》かに月の変るのを待っていた。

元来、彼は世話講談の大家だった。とりわけ「天明白浪伝」とか「天保六歌仙」とか、「吉原百人斬」とか、そう云った白浪物、乃至《ないし》は「村井長庵」のような悪党物、「小夜衣《さよぎぬ》草紙」や「美濃吉殺し」のような艶《なま》めかしい物、そう云ったものを得意としていた。細緻を極めた描写、人物や情景の実感に富んでいる点などは、聞く者をして恍惚とさせるに十分だった。彼の声まで、そういう世話物を読むにふさわしい、低い、しめやかな声だった。

では、時代物は全然読めなかったかと云うと、そうではなかった。「伊達評定」や「仙石騒動」、「伊賀の水月」などは、世話物に負けない位旨く読んだ。時代物専門の人よりもずっと旨く読んだ。その自負があったればこそ、きっぱりと世話物を止めようという決心も付いたのだった。

月が変ると同時に、彼はここ何年にも覚えたことのない或感激を以て、時代物を読み出した。元来、真打は、二席ずつ読むのが習慣だった。今まで彼は前講《ぜんこう》に世話物を読んで、後席《ごせき》に時代物を読んで来た。それを其月から、二席とも時代物ばかり読んで見た。「忠臣蔵」と「太閤記」とを……。

彼は幸福だった。生活に新らしく目的を見出し得たような気がした。選ばれた人としての得意も感じた。今までは、唯弟子のために席を廻っているような気がして、早く隠居したいと思うこともないではなかった。実際、彼は功成り名遂げた大家だった。お座敷だけ稼いでも、食って行くのには困らなかった。それが近頃は、高座に坐るのが楽しみで仕方がなかった。

しかし、色ッぽい世話物を聞こうと思って来ている大多数の客は奇異の思いをした。それでも典山の名で、中日頃までは相当に客足があった。みんなは、兎にも角にも「忠臣殿」だけは神妙に聞いていた。しかし、「太閤記」になると、客の半分以上は立って帰って行った。読んでいる彼自身も、長短槍試合のくだりで、睾丸突きの一節を読む時などは、馬鹿馬鹿しい気が先きに立って仕方がなかった。で、中途で「源平盛衰記」に変えて見たりした。しかし、永い間お倉にしていた読み物だけに、前に「書いた物」を置かないと不自由だった。第一、彼の声と調子とが、そう云った修羅場物を読むのに適さなかった。客はだんだん減って行った。

それでも彼は強情に三月の間態度を変えなかった。その間には、客が薄いと云っては、席亭から読み物を変えてくれという交渉を幾度か受けた。しかし、彼は聴かなかった。弟子や一門が給金の少いのを蔭でブーブー云っていると聞いて、自腹《じばら》を切って割りを増してやったりした。彼は自分はいいことをしているのだという信念を力にしていた。自分の苦衷がいつか報いられるだろうという気もどこかにないことはなかった。

その頃から、不断からやかましやだった彼が、一層気むずかしくなったという評判が立った。そしてそれは事実だった。彼がヌウと楽屋へ這入って来ると、弟子達は憂鬱な圧迫を感じた。家ではお上さんが、手の下しようのない、むッつり黙り込んだ彼の不機嫌に苦しまされた。今までにも、夜、席から帰って来てから寝酒をやる時、その日その日の講釈の出来不出来によって、いろいろ機嫌に晴れ曇りのあることはあった。お上さんもそれには慣れていた。しかし、此頃のようにノベツ幕なしに陰鬱にふさぎ込んでいたことはなかった。

彼自身も、自分が近頃妙に憂鬱だったり、イライラしたりするのを自覚していた。しかし、その原因は分らなかった。唯、今までのように「今日は旨く読めて嬉しかった」、と云うような、芸から来る満足を一度も味《あじわ》えなかった。来る日も来る日も同じことだった。高座へ昇ることは張合いがあったが、それは芸とは別の原因だった。彼は「忠臣蔵」を読んでも「盛衰記」を読んでも、唯自分が言葉で何か説いているような気がして、中の人物や情景と同化して、芸術を表現しているという楽しみは味えなかった。そこには芸術を作る人の陶酔がなかった。醒めた理智の跳梁があるばかりだった。

彼は腹のふくれる思いが本当にした。自分の今までの生活感情とはそぐわない索漠とした寂しさがあった。彼の憂鬱はそこに原因していた。その寂しさを埋めようとするところに彼の苛立ちが生じた。

丁度そういう最中だった。彼の独演会が催された。彼は催主の申《もう》し出《い》でに従って、世話物を四席読んだ。その時彼は或疚《やま》しさを感じた。しかし、彼は今までのように世話物は読まないと頑張る「張り」を持ち合わさなかった。彼は寧《むし》ろ世活物を読む機会を与えられたことを内心喜んだ。客も彼の世話物には飢えていた。席は割れるような大入りだった。

四席のうち、「天明白浪」の抜き読みで、八百蔵吉五郎が両国の水茶屋のお花に惚れて、若旦那に化けて通いとおす一席は、水際立った出来だった。彼は興奮した。スガスガしたいい気持になれた。何ヶ月振りかで、芸の上の満足を味わった。彼は上機嫌で、電車なんかに乗ってしまうのが惜しくって自分の家まで歩いて帰った。

この事が彼に自分の心を摑む機会を与えた。

しかし、典山は、それを機会に、また昔のように世話物を読み出しはしなかった。が、読み出そうかという誘惑はかなり受けた。彼はそれをじっと怺《こら》えた。寄席に於る自分の行動はどこかで見張られているような気がした。そして残らず床次内相の耳へ響いているような気がした。「馬鹿な、そんなことがあるものか」と思って見ても、何だかそんな気がした。また彼にして見れば、誰かに見張られているのでなければ張り合いがなかった。口に出してこそ云いはしなかったが、彼は浪花節の奈良丸が、内務省の嘱託になって、勲何等かを貰っているのが羨ましかった。

その翌月、彼は神田の小柳亭に掛かっていた。前に一門をずらりと並べて、中入前に、貞山が出ることになっていた。貞山は、典山の総領弟子だったが、そして芸はそんなに旨くはなかったが、ひどく人気があって、典山と肩を並べる位の大家の一人だった。殊に、よくお座敷が掛かって来た。で、屢々《しばしば》席を抜くことがあった。しかし、其月は初日から八日目頃まで無事に務めて来た。典山の堅い物二席の前を受けて、「辺見《へみ》の貞蔵」という三尺物を読んで、相当に人気を呼んでいた。ところが、九日目になって、とうとう欠席をした。典山は苦い顔をしながら、高座に上って、貞山の分まで三席読んだ。三席とも堅いものばかりだった。

彼が読み終って高座で頭を下げた瞬間に、高座の前に陣取っていた印半天《しるしばんてん》が、「く——ッ。」と伸びをしながら

「ああ詰まらねえ、貞山が出なくって……。」と、聞えよがしに大きな声で云った。貞山が休んだことでかなり気を悪くしていた典山は、この一言がぐっと癪に障った。真打の自分が認められなかった腹立ちも無論あった。しかし、それよりも滅多に代講などをしたことのない彼が、読む時間が短いので有名な彼が、一席余計に読んだ労力がまるで顧みられなかったことに対する腹立ちの方が主だった。第一、芸にかけての自信をひどく疵つけられた訳だった。貞山に比較されるだけでも非常な侮辱だった。それが、自分が代講しても猶償えないと云うに至っては、侮辱以上の何物かだった。彼は歳甲斐もなくかっとなった。そして我れ知らず

「俺が出たからいいだろう。」と怒鳴り返した。

忽《たちま》ち喧嘩が持ち上った。印半天は、しまいには、看板に名前を出して置きながら出ないのは詐欺だと云って、前の交番へ訴えに行きまでした。

この些細なことが、いつまでも典山の心を離れなかった。

その後、日を追って客が減って行った。彼は何だか便りない気がした。自分の真価がまるで世間に知られていないような気がして寂しかった。彼は唯意地になって義士銘々伝を読んでいた。

その翌月だった。彼の着板が八丁堀の聞楽亭に掲げられた。この八丁堀という土地は南

側に聞楽亭、北側に寿亭と、講釈寄席が二軒面と向ってあった。寿亭には、「八丁荒し」という諢名《こんめい》〔あだな〕のある神田伯山の看板が上げられた。一度伯山の看板が現れると、八丁四方の寄席の客が、色物でござれ義太夫でござれ、みんな伯山の席へ吸い寄せられてしまうという所から来た彼の諢名だった。だから、誰でも伯山の前へ廻るのを厭がった。

典山も、近頃自分の客の落ちていることは知っていた、それだけに一層伯山の看板を恐れた。寄席が面と向っているだけに、人気不人気はすぐ分った。殊に、一方へ客が行き出すと、意地悪くそっちへばかり集まるのだった。そして挙句の果が、人気の立たない寄席の方は、十人八人……位に客が減って行った。それでは割りに合わないので、負けた方が看板を卸すようなことになるのだった。で、誰も八丁堀へ出ることを嫌った。妙に競争的になるのが苦しかった。殊には、典山を頭に戴いている一龍斎派と、伯山を頭にしている神田派とは、先年二派に分れて喧嘩をした間柄だった。伯山の一ッぱたきに会つて、典山め、看板を卸しやァがったとはどうしても云われたくなかった。位置から云っても、伯山に負けたでは典山の面目が立たなかった。

双方初日の蓋を明けた。典山は、昼間のうちから、立て看板を出させた。それには「村井長庵雨夜の破笠、伊達大評定二席長講」と太く書かれていた。きっと向うでは、伯山が得意の読み物としている「清水の次郎長」を出すに違いないと彼は思った。すると、案の定、「清水の次郎長、野村軍八郎」という看板が出た。こうなると、お互が得意の物を並べて、表立って覇を争う形になった。

今更らしく、典山は、伯山が時代物を読むことの出来ないという点に優越を感じた。昔からの風習で、一席でも時代物を読まない真打は「端物《はもの》読み」と云って蔑視されていた。ところが、伯山は完全に時代物が読めなかった。読みは読んでも、殿様が博奕打の親分見たように聞えるのだった。その代り、清水の次郎長と云ったようなものを読ませると、天下一品だった。気性の荒い、単純な、義理人情に厚い、意地ッ張りな人物が、彼の火山のような情熱を通して、颯爽として現れて来るのだった。大抵の客は彼の情熱にくらくらとさせられてしまった。

典山は其反対だった。複雑な性格を持った、意地の悪い、ふてぶてしい村井長庵のような人物を描くのに妙を得ていた。

初日は双方とも満員だった。典山は、上機嫌で家へ帰って来るまで、禁を破って世話物を読んだ疚《やま》しさなどは感じていなかった。彼は寝酒を飲みながら、ふとその事に考え及んだ。そして自分から見ると、十五も歳下の伯山を余りに意識に入れ過ぎていたことに或羞しさを感じた。今まで愉快だった心が急に暗く曇って来た。時代物二席といういつもの陣立を替えたことが取り返しの付かないしくじりのような気がした。伯山がそれを知って、

「俺を恐れやァがった」とあざ笑っているような気がした。その状が目に見えるような気さえした。

彼は早く酒を切り上げて、急いで寝支度に掛った。しかし、時代物を読まないことに就いての、床次内務大臣に対する辜負《こふ》〔そむくこと〕の心苦しさは、妙に彼の心に影を差さなかった。たまたま彼の心がその事に触れても、妙に今の自分とは縁の遠いことのような気がして、冷淡に眺めることが出来た。

二日目にも八分の入りがあった。伯山が相変らず満員を呼んでいたことは云うまでもなかった。典山も、初めから、伯山と数を争う気はなかった。だから、八分の入りで満足だった。

典山は、高座に上るまでは、陣立を替えたことに妙にこだわらされていた。しかし、一度高座に上って見ると、矢張替えていいことをしたという気がした。喋っているのが愉快だった。万事を忘れていることが出来た。殊に、だんだん話が佳境に這入って来るにつれて、何百となく光っている客の目が、黒く澄んで来るのを彼は意識した。その意識が彼を快い興奮に誘った。

話が一段終った時、——それは客が喝采をするホンの一瞬間前だった。今まで完全に話に浸っていた意識が、己れに返る無我の状態の最後の瞬間だった。話の出来のよかった時には、きっと客は我れ知らずほっと溜息を衝くのが例だった。その晩も客は溜息を衝いた。それを同時に、話に引き入れられて前へ屈み加減になっていた体を静かに引き戻した。その、溜息と体の微かな運動とが合して、「さッ」というような、柔い、しかし、力の籠った音響が座に満ちた。彼の神経は其音響の意味を読み取った。そして擽《くすぐ》られるような快感を覚えた。次の瞬間には、彼は自分の話が客に与えた感動の揺り返しを浴びて、「得意」に膨れ返っている自分自身を見出した。

三日目四日目と、客はじりじり八分の入りを越えて行った。殆んど客の顔ぶれは極まった。中には、浅草の金車亭でよく見掛ける客が一人交っていた。遠い客に違いなかった。しかも極まって毎晩やって来た。こういうことが、彼の自尊心をひどく喜ばせた。

彼はまた以前のように高座の上が楽しくなった。理窟なしに、二席終ると、非常にさばさばとした好い気持だった。

客の心と自分の心とがピッタリ溶け合って一緒に流れているのを意識する時位彼に取って幸福な時はなかった。客が無心に笑ってくれる時の顔が彼には無上に嬉しかった。彼はもう伯山を敵に廻しているという競争心などはなかった。彼には彼の開拓した世界があることを知った。——彼は床次内務大臣のことも思い出さなくなっていた。もう一度内務大臣から沙汰がありはしないかと窃《ひそ》かに考えていた頃のことを考えると、おかしな気がした。

彼はこうして再び大家の落ち着きを取り戻して行った。

一時遠のいた彼の足が、また妾のところへ向き出したのも其頃からのことであった。

（「三田文學」大正一〇年五月／『含羞』大正一三年　東光閣書店）

一枚看板

小島政二郎

一

彼がそこへ養子にはいってから、今日でやっと六日にしかならなかった。しかし、彼はそこの生活にもう飽《あ》きを覚えていた。

「やっぱり俺にはこんな堅気の商売は性に合わないとみえる」

左の手で（彼の右の手は殆んど利かなかった）黒い羅紗地《らしゃじ》に鏝《こて》を当てながら、彼はそんなことを思った。盗むように前を見ると、畳一畳を横に隔てて、職人の竹さんが、手ミシンを器用に回しながら、明いた方の手でうまく調子を取って、平らな羅紗地を丸く帽子の形に縫い上げているところだった。突き当りには、百味簞笥《ひゃくみだんす》を背中に背負って、養父が、皮膚のたるんだ顔を伏せながら、花鋏を鳴らして、少しでも余分の出ないようにと、眼鏡を光らして羅紗を切っていた。

その黄いろい親しみのない顔を見た瞬間、彼は、自分の身が他人の中にあるという冷たい意識に捉《とら》われた。彼は元来東京の浅草生まれだった。この大阪へは、十一月の始めに、師匠の一行に加わって旅興行に来たのだった。彼は名を伯龍という講釈師だった。一行は二ヵ月ばかり興行をして帰って行った。彼も一緒に帰って行った。

しかし、その興行中、彼はここの娘——といっても、処女ではない。二十一になる出戻りだった。——と馴染《なじ》んで聟《むこ》になる約束をした。そうして、東京の親に承諾をさせ、講釈師という商売からスッパリ足を洗って来るという約束で、十二月の末に一旦《いったん》東京へ帰ったのだった。

しかし、東京に於ける彼の身は、そう自由なものではなかった。彼には女房がいた。浅草の馬道《うまみち》にある講釈場の彼は入《い》り聟《むこ》だったのだ。しかも、そこの養子になってから、まだ一年とは立っていなかった。

聟になった時、彼は二十五だった。カラ板、二枚目、三枚目と、歳にしては割合に早く中軸《ちゅうじく》どこになりはなったが、それから先の出世が容易でなかった。真打は愚か、中入前《きりまえ》を読む域にまで達するのさえ容易でなかった。上には兄弟子が大勢いた。その外《ほか》、社中の叔父さん株の先輩が四五人もいた。中軸どこで位置の進みがピタッと留まってしまったと同時に、給金も当てがい扶持《ぶち》から五厘となり一銭とまではなったが、それッきり少しも上がらなかった。上がらないままに、半年と立ち一年と立って行った。

「あいつは筋がいい」

こういう褒め言葉も、日が立つにつれて、前程には彼の耳にはいらなくなった。彼はそれが寂しかった。

「俺は以前ほど筋がよくなくなったのかしら」

彼はそう疑ってみた。しかし、自分にはそうは思えなかった。幾らかでも進歩したところ思え、退歩したとは思えなかった。彼自身ではそうは思うものの、自信のない彼には、他人がそう認めてくれたのでなければ、自分の評価に信用が払えなかった。

「近頃先輩が俺を問題にしてくれないのは、何か先輩に反感でも持たれているのではあるまいか」

いろいろ考えた挙句《あげく》、どう自分自身を落しめて考えてみても、以前よりも芸が落ちたとは信じられなかった彼は、仕舞には、そんなことまで考えていった。そうして「そうかも知れない。結局そんなことかも知れない。そんなことがあり得る世界なのだから」とも思ってみた。しかし、彼自身先輩から反感を持たれるような覚えは毛頭なかった。それでも、そう気が付いて以後は、勉《つと》めて付き合いも買って出るようにした。体で出来ることは、何でも——幾らか媚びるような心持で、してもやった。しかし、彼の評判は一跳《ひとは》ねも見せなかった。彼は少からず気を腐らした。同時に尾を振っている犬のような自分自身が顧みられた。

「じゃア一体客の方はどうなんだろう」

彼は辛うじて血路をこの一方に見出そうとした。高座に上がる度に、客の表情から、彼に対する偽りのない評価を読み取ろうとした。しかし、そういう目で対して見ると、客が石のように無表情であることを彼は始めて知った。芸に対する反応はゼロだと言ってもよかった。彼等は、ただ看板――真打であるか否か――に対してのみ反応を示すだけだった。

彼の心は、いやおうなしに、もう一度、

「あいつは、筋がいい」という以前しばしば耳をくすぐってはいってきた先輩の言葉に帰っていった。

彼はその言葉を勿論比較の意味に取っていた。「筋がいい彼」に足の裏を接して立っているものとして、兄弟子の誰彼や、社中外の誰彼――それ等はみんな彼の競争意識にはいってくる連中だった――を数えて得意になっていた。そんなことででも内心得意にならなければ、彼の日常生活は余りにも見じめだった。例えば、彼には伯治《はくじ》という兄弟子がいた。兄弟子とは言い条、たった五日早く入門しただけの兄弟子だった。尤《もっと》も、伯龍などと違うところは、親父も中入前《きりまえ》ぐらいは読む講釈師だった。この伯治が、何かにつけて、兄弟子

ということを笠に着て、彼をいじめることが甚だしかった。中で一番彼のつらかったことは、楽屋で大勢の前で弁当の明き箱を、

「おい、頼むぜ」

と言って渡されることだった。

伯治はこれだけ言って、先へ電車で掛け持ちの席へ行くのだ。しかし彼は、時には電車にも乗れず、弁当箱を二つ持って、（そんな時には、きっと誰かの託し物が一つや二つは外にもあった）テクテク跡を追わなければならなかった。そういう境遇にいる彼にとっては、

「あいつは筋がいい」

そういう褒《ほ》め言葉が一条の命綱だった。

――雪の日など、弁当箱を二つぐるぐると風呂敷にくるんで首に結わい付けて、外套なしの懐手をしながら、

「畜生、今に見ろ」

と、幾度水洟《みずばな》をすすったか知れなかった。

しかし、今となって見れば、その褒め言葉も、比較の意味では先輩は言ってはいなかったのかも知れない。ただの励ましの言葉に過ぎなかったのかも知れなかった。それを自分

勝手に比較の言葉に解釈していた自分自身の甘さが彼は気羞かしく顧みられた。

「俺には何にも人に優れた天分があった訳ではないのだ。筋がいいという言葉に釣られて勉強をしている間に、やっと一人前——それも前座としての——になれたに過ぎないのだ。今まで俺が内心軽蔑していた奴等の域にやっと達し得たのだ。それ以上ではなかったのだ。だから、それを一ト句切りにして先輩の口から俺に対する褒め言葉が出なくなったのだ。考えてみれば、当然過ぎる程当然なことではないか」

　彼はそこまで先輩の言葉を疑って掛からずにはいられなかった。しかし、そこまで自己を落しめて考えていったことによって、思いも掛けず反撥的に最後の奮発心を燃え立たされた。

　それから一週間ばかりの間というもの、彼は異常な緊張を以って高座を勤めることを怠らなかった。彼自身に言わせれば、それは悲痛な心持だった。しかし、外の言葉で言えば、褒められたいという心持で一杯だったのだ。若《も》しこの期間に於いて、称讃に飢えている彼を、いい意味で刺戟してやったならば、彼は恐らく今大阪あたりの帽子屋の養子などにはなっていなかっただろう。

　しかし、人は常に悶《もだ》えている芸術家に対して冷淡なものだ。一週間の後、彼は以前の彼よりももっと気落ちのした自分自身を見出さなければならなかった。いけないことには、講釈師としての自己の天分に対する疑いから、引いては前途の失望となり、商売替えとまで彼の心は転落していった。実際衣食住の方便としてのみ考えれば、今伯龍が携わっている仕事ぐらい恵まれないものはなかった。今でこそ二十五銭から三十銭の木戸を取っているけれど、その頃は八銭、乃至《ないし》、一番高くって十五銭どまりだった。そのうち三分は黙って席亭が天引きにした。残りの七分のうち、半分は真打の手へお初穂を取られた。跡を六人か七人で分けるとして、一月一体幾ら伯龍等の懐《ふところ》にはいるだろう。細君は愚か、露地うらに一軒の所帯さえ張れはしなかった。そういう苦しい思いを十年もの間忍ぶのも、真打になったらば……というたった一つの楽しみがあればこそではないか。その真打になれる望みがないとすれば、少しでも金に縁のある仕事に今のうちに商売替えをするに越したことはない、と彼は考えた。現に、哀れな老講釈師の幾人かを、彼は毎日楽屋で目にしていた。

　その中の一人に、伯州というのがいた。この老人などは、今、大師匠と立てられている人の一番弟子だった。話の数も沢山知っていた。しかし、釈界第二の高齢者であるにも拘わらず、未だに前座の境涯を出られなかった。

　大師匠は芸名を松鯉《しょうり》と言った。今から七八年前、伯山という名から松鯉になったのだった。その時、伯州は伯山の名を次ぐことが出来なかった。彼よりも半分も歳の若い小伯山という売り出しが華々しい襲名披露をした。今の三代目伯山は、釈界——いや、芸界切っての人気者で、「八丁荒《はっちょうあら》し」の仇名《あだな》があった。伯山の看板が木戸にかかると、八丁四方の寄《よ》せ——色物だろうが、女義太夫だろうが、寄せという寄せの客が、みんな伯山に吸い寄せられてしまうというところからきた仇名だった。

ところが、その三代目はといえば、素《もと》を糺《ただ》せば、殆んど伯州が張り扇の叩き方から教えてやった小僧ッ子だった。伯山が第一の読み物にしている「天保水滸伝《てんぽうすいこでん》」だって、「夕立《ゆうだち》勘五郎《かんごろう》」だって、みんな伯州が口移しに教えてやったものばかりだった。

しかし、今となっては、そんなことを言っても追ッつかない。向こうは真打、こっちは前座だ。伯山が楽屋入りをすれば、みんなと一緒に、

「御苦労さん」

と、頭をさげなければならず、伯山が高座を済まして下りて来れば、やっぱり、

「御苦労さん」

と、頭をさげなければならなかった。旅などへ出た時には、初日にみんなが顔合せをする席上で、

「伯州さん、高座前にコレはお断わりしておくよ」

と、酒の注意をポーンと渡されても、「へェ」とお辞儀をしていなければならなかった。

そればかりではない。高座に出る順序などでも、時間のいいところは、若手に譲らなければならなかった。従って彼の出る時は、伯山の楽屋入りが遅くなった時とか、真打が出るにはまだ少し時間が早過ぎる時とか、そんな時にホンのツナギに出るに過ぎなかった。でなければ、――今の若手は世話物ばかり読みたがって、修羅場《しゅらば》などはテンデ知らないのが多いので、若手ばかり続いて出ると、読み物が単調に流れる心配がある、そんな時、ツマに使われたりするのが関の山だった。

それでもツナギで高座に出ている時よりは、その方がまだましだった。ツナギの時だと、真打が乗り込んで来次第、楽屋からコツコツとうしろの戸を叩いて合図をされると、どんなに気の乗っている最中だろうと、急いで高座を下りなければならない。芸人にとって、このくらい見じめな気持のすることはなかった。

誰の目から見ても、お情で生存を続けていることは一目で明らかだった。その上、彼は、なり振りに構っている程の余裕がなかった。で、大抵は、学生の着る紺絣を着ていた。衣裳を第一とする社会だけに、これだけでも若い者から軽んぜられるのに十分だった。

前途を悲観している伯龍の目の前には、こういう生きた教訓があった。彼は午後と夜の二回ずつ電車に乗ったり道を歩きながら、何か外にもっといい商売はないものかと考えまどった。そういう混乱のうちに心を奪われている彼にとって、楽屋で、何の苦もなさそうに女の話や博打《ばくち》の話に耽《ふけ》っている同年輩の仲間を目と耳の前に置くことは、いらだたしい不安の幅と深さとを大きくするものだった。そのくせ、一人になって痩《や》せた心の自分を見詰める息苦しさに迫られているという意識が、いつまでもそういう賑やかな楽屋から彼の腰を立ち上がらせなかった。客が立ち去った跡の、ガランとした夕暮れの蒼白い静寂のうちに、身に迫る孤独の寂しさに打たれて、ぼんやり立ち尽くすことなどもよくあった

しかし、現実的に考えてみれば、中年の彼に可能な商売は何《なん》にもある筈がなかった。結局は、父の家に帰って、兄を助けて帽子屋（彼の実家も帽子屋だった）にでもなるより外に仕方がなかった。しかし、右の手の不自由な——生まれ落ちるときから発育不全で、太さなどは左の手の半分しかなく、殆んど用をなさなかった——そういう彼には、それも決して快適な商売ではなかった。素《もと》はといえば、そういう——いわば不具の身なればこそ、講釈師になることを辛うじて許された身だった。

そこまで考えてくると、彼にははっきり記憶に甦《よみがえ》ってくる十一歳の彼の姿があった。それは夏のことだった。彼の家のずっと裏の方に、広い張り場があった。昼間は、紺屋の親方や職人がせっせと働いているが、夜は子供の遊び場になっていた。

ある晩、そこに屋台が出来て、子供の演芸会が開かれた。彼はもうその頃から寄せへ連れて行かれて、落語の一つ二つは記憶に持っていた。それから、どんなペイペイの落語家

でも、紋付の羽織をはおっていることも知っていた。彼はコッソリ二階の箪笥《たんす》から自分の紋付を盗み出すと、綿のはいったその羽織を浴衣の上から引ッ掛けて、急拵《きゅうごしら》えの屋台にあがって、「嘘つき弥次郎」を喋り出した、目の丁度上のところに、カンテラがドス黒い油煙を吐いていて、それがまぶしかったことを覚えている。

やがて、拍手喝采《かっさい》に送られて、彼は得意で屋台から楽屋へ下りた。と、幔幕《まんまく》を捲《まく》って、大きな酒で真赤になった父の顔がぬっと突き出された。怯《おび》え上がる暇もなく、

「馬鹿野郎」

と、襟髪《えりがみ》を掴まえられて、ポカポカポカポカと続けさまに頬桁《ほおげた》を殴りつけられた。

彼が、どうか落語家にしてくれと父に願い出たのは、それから三年立った十四の春だった。手のブラな彼のために、家業以外の適当な仕事を探していた父も、内から芸人の出ることは好まなかった。父はどうしても許してくれなかった。彼は落胆した。その結果、落語についで好きな講釈に彼は志望を変えることを申し出た。やっぱり父は不承知だった。しかし、不承知のうちにも、落語家志望の時よりも、どこか腰の弱いところが見えた。彼は透《す》かさず母を説いて味方に引き入れ、そうしてとうとう望み通り、その年の五月に、伯山門下の一人になったのだった。行き詰まった今となって、この踏み出しの当時を顧みると、彼は、父の頑冥《がんめい》のために、第一歩を誤ったという気がして仕方がなかった。

「第一の望み通り、俺を落語家にしてくれたらなあ。今頃はきっと一人前の新進として売り出していたに違いない。そうすれば、こんな陰鬱《いんうつ》な煩悶《はんもん》などはしないで済んだものを——。俺の天分は、講釈でなく、落語にあったとしか信じられない」

彼はそう考えたかった。そう考えているうちに、だんだんそれが確実であるような気がしてきた。彼は壁が左右に打ち開かれたように感じた。彼はツテを求めて落語家の誰彼と交わりを結んだ。そうして得心の行くまで、いろいろとその内状を探ってみた。

落語界には、有望な若手は殆んど一人もいないと言ってもよかった。そのことが、なお彼の野望を煽《あお》り立てた。それに落語家に転業するとなれば、今までの十年の年期奉公がまんざら無駄にもならない訳だった。そのことも、彼の決心を極めるのに与《あず》かって力があった。

しかし、いざとなると、彼の虚栄心と、居馴れた場所の快さとが、彼を跡じさりさせた。うまく落語界に転じて成功したとしても、釈界の仲間から、うしろ指をさされるのは目に見えていた。何といっても、講釈師としての自分に見切りを付けたことは否《いな》み得なかった。業半《ぎょうなか》ばにして志を変えたと言われても仕方がなかった。まして成功しなかった暁の面目なさに思い至ると、何としても彼は清水《きよみず》の舞台から飛びおりる勇気がなかった。それに、いざとなると、十年の年期も惜しい気がした。「時はいつなんめり、元亀三年壬申年《みずのえさるどし》冬十月、山縣三郎兵《びょう》衛《え》昌景《まさかげ》を先鋒とし、これに五千余騎を授け、武田大膳の太夫晴信入道信玄自ら四万五千の大軍を率い、道を遠江《とおとうみ》に取り、行く行く多多良飯田の諸城を陥れ、師走《しわす》二十二日進んで三方ヶ原に出で、名も大菩薩《だいぼさつ》山に陣したり……」と三方ヶ原の戦記からカラ板を叩いてきた十年間が顧みられた。

彼は二進《にっち》も三進《さっち》も動けなくなった。丁度その時、彼は馬道の釈場の娘と出来たのだった。そんな訳で、彼は自分の前途について考えるだけのことは考え尽くした。もう考えることは何にもなかった。跡はただ実行あるのみだった。ところが、彼にはその実行力がなかったのだ。

中心のない、フラフラした生活が、彼を襲ってきた。彼は不安のうちに激しい焦躁を感じた。そうかと思うと、ポカンとした空《くう》な日がやってきたりした。

彼は行き当りばったりの生活を送るより外に仕方がなかった。一時遠ざかった博打にも近付いてみた。仲間と一緒に遊びにも行った。騒いでもみた。昼席がはねて夜講《やこう》が始まるまでの時間にも、内へ帰ることは稀になった。とにかく一人になることがこわかったのだ。

しかし、いやでもおうでも、どうしても一人にならなければならない夜の時間があった。彼はそれを白い腕の中で過ごした。しかし、彼の道楽は何も今に始まったことではなかった。十七の歳に童貞を破ってから、既に永い間のシキタリだった。その間には、仲を堰《せ》かれたこともあった。ある女に現《うつつ》を抜かして五日席を抜いたために、師匠から勘当を受けたこともあった。

今度も、彼は忽ち金に窮した。その融通《ゆうずう》を付けるために、彼はよく博打をした。そうして度々《たびたび》裸にさせられた。そんな夜には、いやでもおうでも一人で寝なければならなかった。彼にはそれがつらかった。金で買う女の不便をつくづく感じたと同時に、アルス・アマトリア〔恋愛術〕の上からいって、彼は玄人《くろうと》には飽いていた。

そういう矢先に出合ったのが、今彼が女房にしている釈場の娘だった。彼が高座を済ませて廊下を楽屋の方へ歩いて行くと、その前を、その娘――といっても、処女ではなかった。ある材木屋の妾《めかけ》になっていたのが、二三カ月前に切れて内へ帰って来ていたのだった。――が歩いて行く。見ると、銀杏返《いちょうがえ》しの上に、水で開いたお茶の葉が、樒《しきみ》の葉のような色をして二枚こびりついていた。彼は何の気もなく、うしろから追い縋《すが》ってそれを取ってやった。それが始まりだった。

同時に、これが彼が素人《しろうと》を相手にした始めでもあった。そのことが、彼に新しい興味を起こさせた。まず逢引《あいびき》の場所から探して掛からなければならない。それだけでも、彼には新しい刺戟だった。

やがて、このことが娘の親達にばれた。ところが、意外にも、養子の話が持ち上がった。

その話が切り出された時、――望まれたということが、彼の心を承諾に唆《そその》かした。その上、講釈師をやめずに済むということが、何といっても一番彼をホッとさせた。

話はバタバタと運んで、一週間も立たないうちに、彼はそこの人間になった。すると、番頭達からの呼び名が、

「兄さん」

と変った。女から惚れられている今としては、これも彼の草双紙《くさぞうし》趣味を満足させた。

しかし、釈場側の人間になってみると、厭なことも多かった。殊に、社外の羽振りのいい真打連に対する時が一番厭だった。今までは、ただ先輩後輩として対していればよかったのが、今度はそうはいかなかった。彼が聟にはいった席というのは、そう勢力のある席ではなかった。従ってお座敷の多い真打連には、「来て貰う」という引け目を感じた。で、面と向かった時、どうしてもその意識に捉われた。楽屋にいる時も、寄り合いの席上でも、どうも窮屈で仕方がなかった。彼は窃《ひそ》かに昔の博徒が二枚草鞋《わらじ》を穿《は》いた時の厭さに自分の厭さを比較した。

それに時日が立ってみると、素人の女には含蓄がなかった。素人の面白さは、出来るまでの面白さだった。出来てしまえば、くろうとの複雑さには遠く及ばなかった。

しかし、彼女によって、「出来るまでの面白さ」の興味を目醒《めざ》めさせられたことは事実

だった。鳥屋や牛屋《ぎゅうや》の女が俄《にわ》かに彼の目に付き出した。

二タ月もするうちに、彼の心は女房から離れていた。それに、中にはいってみると、思ったより暮らしも楽ではなかった。

そんなこんなで、人を便《たよ》ってばかりもいられなかった。結局はやはり自分だった。そうなると、やっぱり芸の上の煩悶が絶えなかった。

「どうにかしなければいけない」

またしても彼は、同じ苦しみに喘《あえ》がなければならなかった。一時明るみの差してきた彼の生活に、また憂鬱が拡がってきた。

その憂鬱を紛らすために、彼はまた酒色に近付いていった。家を明けることが珍しくなくなった。

そういう最中に、彼は師匠に連れられて大阪の地へ行ったのだった。

そこでも、伯山は仇名通りの大入りを占めた。従って弟子達の懐も暖かった。みんないい気になって、京都、奈良、伏見などと遊び回った。彼も無論その仲間だった。しかし、高座に上がって、ギチ一杯に詰まっている客の頭を見ると、彼は師匠の人気が恐ろしくなった。いよいよ身の弱小を意識せずにいられなかった。彼は畏縮《いしゅく》した。こうしているのが詰まらなくなった。

丁度その時、帽子屋の娘との交渉が新たに開始されたのだった。と、すぐ養子の話が持ち出された。これには彼は苦笑した。しかし、気の弱い彼には、よし相手が処女ではなかったにしろ、娘に手を付けている手前、厭だとは言えなかった。まして東京に女房があるとは猶更《なおさら》言えなかった。

「いいえ、ただ私を養子にほしいと言っているところがあるんです。その方さえ断わってしまえばきれいな体ですから――。改めてお正月の中頃までには引ッ返して来ます」

こう彼は先方の両親に言って、別れて梅田を立ってきたのだった。

しかし、彼には大阪に永住する気はなかった。従って聟入りの件もそう身に沁《し》みた問題としては考えられなかった。殊に、東京は三月目の東京だった。しかも、正月だった。景気のいいのに浮かされてウハウハと暮らしてしまった。

二月は、珍しく大師匠の看板が横浜に掛かった。彼は年寄の面倒見《めんどうみ》に選ばれて供を命ぜられた。

二日目の午後だった。陰気な寄せの二階にごろごろしていると、母親が尋ねて来たという知らせだった。急いで下りて行ってみると、母親のうしろに、大阪の帽子屋のお袋が立っていた。彼はドキッとした。

二タ言三言喋《しゃべ》っていると、

「とにかくここでは話も出来ないから、そとへお出《で》な」

そう言って、母親から引ッ張り出された。そうして東京の実家へ連れて行かれた。話は両親の間でもうちゃんと出来ていたらしかった。父親も母親も、いつまでも芸人などになっていられると肩身が狭くって仕方がない、身が堅まったかと思えば、寄せの聟だ、と、口を揃えてせつなそうに言うのだった。

「商売も同じだし、まんざらお前にだってお手伝いの出来ないことでもない。身を堅めるのは今だよ」

大阪のお袋を前においてこう言われたのでは、彼にはどうにもアガキが取れなかった。それに実のところ、身の振り方を考えるのにはもう飽き飽きしていた。疲れ切ってもいた。どうにでもされるままになっているのが一番気安かった。

「跡はこっちでいいようにしておくから――」

母親は励ますようにそう言い添えた。そうして、お小遣いだよ、と言って、五十円手渡してくれた。

こうして彼は「気の変らないうちに」というので、師匠のところへも横浜へも寄ることも許されずに、その日の夜汽車で大阪へ連れて行かれたのだった。汽車が動き出した時、――何も知らずに今頃木戸に坐っている女房のことが考えられた。こうした自分の仕打ちが薄情というのだろうと思った。そう思うと、さすがに胸が痛かった。しかし、どうせいつかは切れる女房だ、と、それが一《いっ》ぱしの理屈であるかのように、自分自身に言って聞かせた。別れ話となれば、どうせ人情に絡んだ面倒臭いイキサツが起こるに違いない。それなしに、こうして成り行きでひとりでにスッと切れてしまえるならば、お互にそれに越したことはないと彼は思った。しかし、どう考えてみても、いい気持はしなかった。

　師匠や大師匠に対しても、疚《やま》しさを感じずにはいられなかった。殊に汽車が横浜を過ぎる時には、大阪へ着いたら、何は置いても、すぐ大師匠に詳しい手紙を出さなければならないと思った。しかし、向こうへ着いてみると、どうしても手紙が書けなかった。養父母を始めみんなからチヤホヤされながら、――そうされると、ますます強いことも言えず、阿漕《あこぎ》なことも出来ずに、ただぐずぐずと日を送っていた。しかし、身のまわりから、一時に色彩が消えて行ったような気がして寂しかった。

「なア、岩太郎」

　養父から呼び掛けられて、――左の手に鏝《こて》を握ったまま、永い間物思いに吸い込まれていた彼も、俄《にわ》かに我れに返った。そして狼狽《ろうばい》を笑いに紛らした顔を、養父の方へ向けた。

「今日昼から、帽子出《で》けただけ持って、お前お得意さんとこ回ってくれへんか。まだ挨拶にも行てへンねさかい、そのつもりでな」

「え」

彼は仕方なしに簡単に返事をしたが、しかし、不服の色が眉宇《びう》に現われるのをどうしようもなかった。

双子《ふたこ》の上から鉄無地の羽織をはおった肩へ、萌葱《もえぎ》の大風呂敷に、帽子をコテと包んだ奴を背負って町へ出た時、彼は落魄《らくはく》そのものの姿を衆人の前に晒《さら》しているような気がして上が向けなかった。しかも困ったことには、お得意は大抵賑やかな方面にあった。

人目を芝居の絵看板に避けながら、彼が千日前の人出の中へ足を踏み入れた時だった。

間近で、

「よう」

と言う親しみの籠《こも》った声が聞えた。反射的に彼の顔はその方へ向けられていた。パチクリ瞬《まばた》きをしている彼の目に、同業の小琴凌《こきんりょう》の目の細い搗栗《かちぐり》型の赤ら顔が映っていた。

「おい、伯龍さんじゃないか」

そう言いながら、小琴凌は、わだかまりのない笑顔を紫色の襟巻に包んで、前後左右に入り乱れた寒そうな顔の間から、薄日を横切って近付いて来た。

恥と混乱とのうちに、彼は吐く息が出なかった。利かない右の手を袂《たもと》に落し入れて、左の手で顎《あご》の下の結び目を押えたまま立ち尽くすより外にすべを知らなかった。何か言おうとする衝動と、何と言ったものかと咄嗟《とっさ》の間に思い迷う思案とが、口のあたりの筋肉をピクピク痙攣《けいれん》させた。

「どうしたい、伯龍さん、その後は――」

相手はもう一度そう言いながら、好意的な笑いを細い目のまわりに湛《たた》えながら一層近寄って来た。

返事をするには、ちょいと時を失った形だった。この考えが、彼に一種の勇気を与えた。彼はわざとキョトンとした顔付をして見返した。「人違いじゃありませんか」そういう思いを目顔に見せて、彼は不審そうに相手を見返した。

「伯龍さん、小琴凌だよ」

三度目にそう言った時、相手は「やあ――」と肩を叩き合えるくらいの近さに来ていた。しかし、その顔には、笑いが跡を消していた。ただ僅かに口のあたりにだけ強《し》いて残されたらしい笑いが消えずにいた。しかしその笑いも、前のとは性質が違っていた。

伯龍はわざと目を逸《そ》らさなかった。逸らさないままで静かに歩き出した。仕方なしに小琴凌も歩き出した。二人は擦《す》れちがったまま、一間ばかり行き過ぎたところで立ち留まった。そうして不審そうにお互に見返り合った。

先きに背中を向けたのは小琴凌だった。伯龍も向きを変えた。しかし、また立ち留まってうしろを振り返って見た、すると小琴凌の方でも、同じようにこっちを振り返って見ていた。

こんなことを二三度繰り返しているうちに、ようやく小琴凌の姿は人波の向こうに見えなくなった。と、一時にカアッとしてきた。伯龍は夢中で駆け出した。息が切れても、歩いてなどはいられなかった。横ッ腹が痛くなって来た。それでも彼はまだ駆けていた。背中の帽子包みが変な恰好に歪《ゆが》んで、まるで石の地蔵さんを風呂敷に包んで背負っているように重くなってきた。彼は汗ビッショリになって駆けつづけた。

店へ帰ると、彼は寒けがすると言い拵えて、蒲団《ふとん》を敷いて貰って潜《もぐ》り込《こ》んだ。枕許に来て、ハラハラしながら何かと身のまわりの世話をしてくれる女房の一挙一動が、妙にうるさかった。殊に口を利かれると、大阪言葉がムカムカしてくる程不愉快だった。しまいには、とうとう我慢がし切れなくなって、呶鳴《どな》って向こうへ追い返してしまった。そうして夜着をスッポリ頭から被ってしまった。しかし眠れはしなかった。彼は熱に浮かされているような気がした。何を考えようとしても考えられなかった。ただ時々、ちらちらと、東京の——といっても、何の連絡もない、切れ切れの一景一景が、電気の火花のように目の前を閃《ひらめ》き過ぎるだけだった。

そういう旋風の中にありながら、紛糾の中を縫って、一条の道が、細々と白く彼の目の前に横たわっているような気がした。それでいて、その道の名を、口に出して彼には言えなかった。が、心では分っているような気がした。小琴凌と出合った瞬間に、ぐりッと胸の中に堅い塊《かたまり》が出来た。その塊の伸びたのが、その白い道だった。

だんだん時が立って、夕方となり、夜となっていった。女房が、何か食べないかと言って、夜着の中を覗き込んだ時、彼は寝た振りをして通した。いつの間にか、まわりに鼾《いびき》の声が高くなる時間になるに従って、彼の興奮も次第に落ちていった。そうして神経が鎮《しず》まるにつれて、もくもくと動いていた雲のような心の影が、だんだんその白い細い一筋の道の陰に消えてゆくような気がした。それにつれて、その道はますます白く月光のように輝き出した。

彼は今、自分の位置をはっきり自覚することが出来たのだ。目が醒《さ》めたような心持がした。ノコノコと大阪くんだりまで来た自分の行動が、うつつでしたこととはとても思えなかった。化《ば》かされてここまで来たような気がした。

「俺は何だって講釈師を断念したのだろう」

彼は狐が落ちた人のように、そう呟いた。急に、白い道の名を言い当てたような気がした。講釈に対する激しいノスタルジアを彼は感じた。と、次から次へと、いい講釈を読んで客から褒められた時の光景が閃き過ぎた。聴衆全体が一つの有機体のようになって、緩《ゆる》やかな溜息を大きく一つ突いたかと思うと、魅せられた静けさが拍手に破れる瞬間の緊張した空気を今実地に味わっているような心持さえしてきた。彼は幸福を見出《みいだ》した人のように、しかし遠くて手が届かないもどかしさに、夜着の中であっちを向きこっちを向きして踠《もが》いた。思わず体に力がはいって、うんと手足を伸ばした拍子に、夜着を蹴飛ばしたりした。

彼は、実母から手渡された五十円の金の残りを勘定してみた。二十円は確かにまだ残っていた。彼の心は汽車に乗っていた。そらで覚えている昇り列車の時間をあれかこれかと選《え》り探していた。

二

明くる晩の八時に梅田を立った汽車が、その明くる朝新橋に着いた時には、東京は雪で真白だった。彼は駅を出ると、近所で足駄《あしだ》と傘とを買って、金春《こんぱる》の朝湯に飛び込んで生まれ変ったようにサバサバとなってから、浅草行の電車に乗った。

公園裏の象潟《きさかた》には、伯山の番頭が住んでいた。彼は新杵《しんきね》でちょっとした菓子折を買って、それを持って番頭の寝込みを襲った。そうして師匠への詫《わ》びを頼んだ。

そこを出ると、もうお湯で暖まった温《ぬく》みもさめて、湯あがりだけに余計に寒さがこたえた。仲店を抜けている最中などは、ちょいと横に切れて、顔馴染《かおなじみ》の「魚松」かどこかで、熱い奴をキュウと一杯やりたくってたまらなかった。しかし、懐にある十円なにがしの金は、それと討死にをしなければならない大事な金だった。その金の大半をさいて、まず塒《ねぐら》を賄《まかな》わなければならなかった。

　しかし、どこといって当てはなかった。雷門から真直に駒形通りを歩いて行きながら、どこか安い素人《しろうと》下宿はあるまいかと考えてみたが、皆目《かいもく》当てがなかった。そのうちに、ふと浅草橋の近くに、貸間長屋というのがあるという噂話《うわさばなし》を聞いていたことを思い出した。何でも、下は持主が物置に使って、二階四間とかを賄いなしで貸すのだとか聞いた。

「丁度いい。十円じゃ賄いまでは払えそうもない」

　彼は電車に乗った。

　貸間長屋はすぐ分った。いい塩梅《あんばい》に、外の三間とは少し離れた六畳の一間が明いていた。六円出してすぐ借りることにした。

　これでどうにか塒だけは極《き》まったが、身のまわりのものといったら何一つなかった。着物の外には、師匠からお下《さが》りのズンドと、襟巻と鳥打帽子とがあるだけだった。まず火から心配して掛からなければならなかった。彼は五十銭出して灰のはいった古《ふる》の小さな瀬戸の火鉢と、安い炭取りと、小さな炭俵とを一緒に買ってきた。そのついでに、酒屋でカブトを極め込んできた。しかし、帰ってきてみると、今度は火種に困った。が、もう一度付け木を買いに出るのは億劫《おっくう》だった。同宿の人から火種を借りることを考えたが、ガタンと障子を細目にあける、とたんに、ギロリと光る目付を思うと、実行する勇気が出なかった。

　そのうちに、一晩揺られてきた汽車の疲れと、だんだん回り出した冷《ひ》やの酔いとで、ウトウト眠くなってきた。苦労性の彼には、蒲団のことがすぐ心配になった。このまま寝ると風を引くぞと思いながら、我慢し切れずにゴロリと横になると、足を縮めてズンドを上にはおったまま肘枕《ひじまくら》で寝てしまった。

　寒いのと、どこか体が窮屈なのとで目がさめた。暫《しばら》くは起きる元気もなかった。起き返ると、憂鬱な気持が頭からおッかぶさってきた。その上、ゾウゾウする程寒けがした。嚏《くしゃみ》が続けさまに二つも三つも出た。たまらなくなって彼は飛び出してお湯屋へ駆けつけた、そうして帰りに焚《た》き付《つ》けを買って来た。

　彼が梯子段を上り切った時、廊下の左側に三間《みま》部屋が並んでいて、右側がトタン張り三尺の上流《うわなが》しになっていた。そうしてそこに水道の龍頭《りゅうず》が出ていた。廊下の突き当りに、白地に水色でもみじの模様を散らした襖式《ふすましき》の引き戸の立っているのが彼の部屋だった。

——その上流しの前に立って話しをしている二人の女が彼の目にはいった。

こっち向きに立っているのは、ちょいと歳恰好の分らない——まあ、中婆さんといった感じの女だった。一番先きに彼の目に付いたのは、渋紙色のその顔色だった。つやつやとした、時代のついた木彫りの面か何かを見るような、いい感じがした。一つには、細い目や、ちんまりした鼻が与える好人物らしい感じが、その顔色とよく調和していた。少し訛《なま》りのある口調まで律儀《りちぎ》丸出しだった。姉《あね》さん被《かぶ》りをして水差を持っていた。――これは跡で知ったのだが、その中婆さんは縁日商人《あきんど》の女房だった。三間のうち二間は、子のない縁日商人が借りてい、一間には独身の活弁がいた。

向こう向きに、三日目くらいの銀杏返しの、珊瑚玉《さんごだま》の掛かった崩《くず》れ輪《わ》を見せて立っているのは、紺絣《こんがすり》の上《うわ》ッ張《ば》りの下から黒襟が覗いている二十四五の若い女だった。肩のあたりなどは、むっくり肉が盛り上がっていた。彼の足音に、彼女はチラリとこっちを振り返った。意外な美人だった。浅黒い顔と、やや面長な肉厚な感じが彼の好みそのままだった。目、鼻、口などが、顔の中心に狭いスペースを取って集中していた。殊に、水気のない、堅い感じの真黒な目の玉と、毛深い眉毛とが、脂《あぶら》ッこい野蛮な魅力を彼に投げつけた。――彼女は、黒い弁当の明き箱を二つ三つ重ねて持っていた。彼は通り縋《すが》りに、

「姐《ねえ》さん、私ンとこへも入れて貰いたいんだが――」

「はい」

と、彼女は歯切れいい声で、

「お幾らのに致しましょう？　十五銭と二十銭とありますが、あのウ、何なら、猫弁《ねこべん》も香《こう》弁《べん》もお拵《こしら》え致します」

相手が若い男だけに、少し堅くなった感じだった。

彼は意識的に相手の目の中を見詰めながら、

「そうね、二十銭のにして貰いましょう。——遠いんですか姐さんとこは？　実はお腹がペコペコなんだが——」

彼は笑って見せた。

「いえ、じきお届け致します」

彼女も微笑を返しながら、帰って行った。

その跡で、彼は縁日商人の女房に改めて挨拶をした。挨拶をしているうちに、火種を頼もうかと思ったが、そのために挨拶したように取られてもと思い返して、ただ蒲団を賃貸しする家を聞くだけにした。

部屋へ帰ってから、彼は部屋中を煙だらけにして火を起こし始めた。そのうちに、ボーッと電気が付いた。彼は飯屋の娘の来るのを心待ちに待ちながら、火鉢にしがみついていた。しかし、

「御免なさい」

と、どこかに蓮葉な調子を響かせて、細目にあけた障子の間から、弁当箱を差し入れたのは、例の娘ではなかった。これも跡で知ったのだが、例の娘とは腹違いの妹だった。彼は軽い失望を感じた。

「あの、済みませんですけれど、私どもでは前金《まえきん》で戴くことになっておりますので――」

女は、廊下に膝《ひざ》を突いてそう言った。彼は「おいよ」と紙入れに手を掛けたが、その実、有り金を思うと、急に心細くなってきた。

おなかが透《す》いていたので、うまかった。食べおわって、お湯を飲もうとすると、薬罐《やかん》も湯呑《ゆの》みもないのに気が付いた。誰にも構われずに、一人ぼっちで突ッ離された子供のように侘《わび》しかった。

蒲団を借りに行くのが苦になり始めた。どう安く見積っても、五六十銭は取られるだろう。それも前金に違いない。そうすると、跡には幾らも残りはしない。弁当と両方で、懐は三日くらいしか持つ見込みはなかった。それを思うと、急に師匠への詫びが心配になり出した。

だんだん彼の気持は憂鬱になっていった。今の彼には、お湯を一杯飲むのにも金だった。一度飯を食うのにも金だった。借りに行くところとてなく、はいる見込みは更になかった。その上、身のまわりの不自由さが、彼の気持を突ッついた。彼は事毎《ことごと》にイライラした。

炭をつぐのに使った杉箸の先きが焦げて、いぶい煙が目に沁みたりする度に、彼は呶鳴り散らしたい衝動に苦しまされた。

しまいには、じっとしているのが苦しくなり、彼は立ち上がって引き戸を明けた。腹癒《はらい》せのつもりで火に灰も掛けずに出掛けてやれと思ったが、いざとなると、彼の苦労性がチクチクと頭を持ち上げた。一足廊下に踏み出した体を、くるりとまた室内に返して、せかせかと灰を掛けにかかった。空はところてんのように乾いて晴れていた。月や星が作り物のように、空の表面から飛び出してキラキラ輝いていた。風はなかった。

そとへ出たものの、行くところがなかった。誰かに逢いたかった。人懐かしくって仕方がなかった。自分の女房が坐っている寄せの木戸口が目に浮かんだ。無論名告《なの》って逢いに行けた義理ではなかったが、とにかく、前まで行って様子だけでも見たい気がした。

公園裏へ出た。薄暗い横丁へ切れると、そこだけ家の前の往来へ看板の黄いろいあかりが流れていた。彼は襟巻を鼻の上まで巻き上げて、鳥打帽を前のめりに被《かぶ》り直した。貞山と大きく書かれた看板の前あたりまで来るまでには、襟巻に当って露になった息が、冷たくむず痒《がゆ》く口のまわりをくすぐった。立て看板を出はずれた彼の姿を認めると、土間で、睾丸《きんたま》火鉢《ひばち》をしていた下足の金公が、

「――しゃい」

と呼び込みの声を掛けた。彼はその声に引かれたような振りをして、思い切って木戸口を見た。そこには、がんじょうな机——机の上の隅《すみ》には、ガラスに紙を貼って、それへ「御一名金十銭」と書いたのを中からランプが照らす仕掛けになっている四角な筒が立っている。その陰に、女房がお白いを付けた首を、黒襟の中から浮かして坐っていた。彼は懐かしく、同時に、自分がいた時分とちっとも女房の様子が変っていないのが物足りなかった。

彼はこのまま通り過ごしてしまうのが余りに呆気《あっけ》ない気がした。ふらふらと中へはいってみたくなった。

「なあに、この様子なら分りはしまい」彼はそう思った。

木戸口に立った時、息づかいが不断と違っているのが自分にも分った。十銭銀貨を出す手が顫《ふる》えていた。女房は型通り下足札でピーンと一つ机の上を叩いた。これは中へ、「お客だよ」という知らせだった。彼はホッとすると同時に、「女房にも悟られない」という寂しさが胸にきた。

重い千本格子を明けると、いつもの小女《こおんな》の代りに、そこに養母が背中を丸くして坐っていた。彼女は蒲団と火鉢とを両手に持って大義そうに立ち上がった。導かれて、花道伝いに高座の真ッ下に坐を占めるまで、彼は体に顫えがきて止まなかった。

入りは七分くらいしかなかった。高座では、貞丈という彼と同年輩の男が「加賀騒動」を読んでいた。

始めは彼は小さくなっていたが、そのうちに、少しずつ大胆になってきて、方々を見回したり何かした。あたりはちっとも変っていなかった。それが彼にはどういう訳か物足りなかった。

幾時間かの後、真打が二席読んではねた。人にまじって目立たないように帰ろうとした彼の肩を叩くものがあった。

「兄さん、いつ帰んなすったね?」

低い声でそう言ったのは、貞山の番頭だった。

「済みません。師匠にはどうか内分に願います」

慌てて彼は言った。客に化けて仲間の講釈を聞くことは、仲間うちのきつい法度《はっと》になっていた。

「いや、貞丈さんが見付けているから、きっと師匠の耳にもはいりますぜ」

貞山から師匠の伯山へ何か言ってくる——そんなことで、彼の詫びが叶わなくなることを考えて、彼は胸を冷やした。

下足を取って、そとへ出たと思うと、左手の暗がりから、ふいに女房が駆け寄って来た。

「あなた——」

そう言いながら寄り添って来たかと思うと、もう女房はおろおろ声で泣き出していた。

彼のうしろからは、跡から下足を取った人が五六人ずんずん近寄って来た。彼は袂《たもと》を握られたまま、女房を抱えるようにして、すぐの横丁を左へ曲がった。一層暗い片側町だった。

女房に発見されるまでは、発見されない物足りなさがあったとはいえ、いわばそれは遊戯的気分に過ぎなかった。だから、いざ発見されたとなると、いい気持はしなかった。自己の行為の疚しさがすぐ良心を突ッついた。彼は正直に彼女に対する自己の本心をぶちまける雄々しさを持ち合わせていなかった。いつもいい子でいたい男だった。だから、すぐ何と嘘をついたものかと考えた。しかし、咄嗟《とっさ》には、言い出す言葉がなかった。

「おい、泣いちゃ困るよ。往来じゃないか」

彼は同じ言葉を二三度早口に繰り返すよりなかった。

「俺の内から何か行って来たろう。ありゃみんな嘘だよ」

暫《しばら》く様子を見てから彼はそう言った。

「内の親父《おやじ》は、俺を芸人にさせて置くのがいやでいやでたまらないんだ。で、俺に内証で今度のようなことをやるんだよ」

そう言って、彼は大阪へ連れて行かれた日のことから、今朝逃げて帰って来るまでのイキサツを、何も彼も両親の無理強《じ》いにして、誠《まこと》しやかに話して聞かせた。そうして最後に、

「俺は勘当されてもいい覚悟で逃げて帰って来たんだ」

こういう言葉が女に与える効果を彼は十分知り抜いていた。

「今どこにいるの？」

「そんな訳で内へは帰れず、師匠ンとこの敷居は高いし、今夜これから泊まるところの心配からして掛からなければならないんだ」

彼はそれ程苦心もしずに、こういう女の心に訴え易い言葉が口を突いて出るのを喜んだ。効果は覿面《てきめん》だった。寒いからという女房の言い出しで、前を通り掛かった蕎麦屋《そばや》へはいって二三度盃の遣り取りをしているうちに、女房の心は大分柔らいできた。そこを出ると、二人はそのまま千束町まで話しながら歩いた。そうして花屋敷横の安宿に泊まった。女房は十二時過ぎ一時近くに帰って行った。

翌朝薄い木綿《もめん》蒲団の中で目をさました彼は、ゆうべのことを思い出して、また女房との面倒なイザコザが新しく持ち上がるのかと思った。女に掛けるとダラシのない自分自身に気を腐らした。

勘定はゆうべ帰りしなに女房がして行った筈だ。彼は顔だけ洗ってそとへ出ると、ゆう

べ貞丈に見付けられているのが気になった。それにつれて、師匠への詫《わ》びのことが心配になり出した。

「とにかく貞山さんのところへ詫びに行ってこよう」

貞山の住まいは講武所《こうぶしょ》の芸者屋町の中にあった。

あやまることは彼に取っては何でもなかった。それよりも、よく磨《みが》かれた格子戸を明けるまでの方が苦《く》だった。

「うん、俺《おら》ア構わねえ。これから気を付けなせえよ」

いかにも芸者屋の亭主といった感じで、荒い八端《はったん》の縕袍《どてら》を着て大あぐらをかいて、長火鉢の向こうから声を掛けてくれた。

そこを出ると、どういう訳か、気がせかせかし出して、駆けるようにして万世橋の停留場まで来た。そうして人を押しのけるようにして電車に乗って、師匠の番頭のところへ駆け付けた。

「お、伯龍さんか。きのう早速師匠に話したがね、どうも私の手ゴチには乗らねえや。てんでユクタテさえ聞いてくれねえんだ。こりゃ私だけの考えだがね、一つ伯知先生を引ッ張り出すより外に道はないと思うね」

番頭は困ったような顔付をして、そう言うのだった。

彼自身も、今度は前の破門の場合のようにオイソレとは許して貰えそうもないとは思っていたが、案の定だと思った。しかし、今までの詫びとは違って、今度は真剣なのだ、それが師匠に分って貰えないのかと思うと、恨めしいような気がした。番頭の詫びの仕様が悪かったのではないかとさえ思った。

しかし、そう言われてみれば、今の場合、伯知先生を頼んで口を利いて貰うより外に人はなかった。彼はすぐその足で新橋まで頼みに行くつもりになり、そこを出た。伯知先生も新橋で芸者屋を出していた。

彼が仲店の石畳の上を歩いて行くと、

「あら、兄さん」

と、行きちがいさまに、声を掛けた女があった。

「まあ、いつ帰ってらしったの？」

見ると、それは彼の従姉《いとこ》で、毎日彼の実家へ手伝いに来ているお福だった。「悪い奴に逢った」と思ったが、彼はニヤニヤしながら、

「内の奴に喋《しゃべ》っちゃいけないぜ」

「大丈夫よ。言やアしなくってよ。それよか、せかせかと脇目も振らずに一体どこへ行くのよ？」

「ん、ちょいと師匠ンとこへ――」

「いいんでしょう。ね、きょうは私に付き合って頂戴よ。何でもいいもの奢《おご》るわ。私きょうお金持なんだから――」

　お福が自分に対してある感情を抱いていることは彼も前から知っていた。しかし、何の興味も感じていなかった。だから、相手にもしなかった。しかし、今お福の相《あい》も変らず自分に好意を持っているらしい様子を見ると、「若《も》しかしたら金が借りられるかも知れない」そういう考えが頭にきた。その上、きょうは二軒も人の家を駆けずり回っているので、これからまた新橋まで行くのはかなり大儀だった。それに、彼はまだ朝飯も食べていなかった。

「じゃアお福ちゃんが、内の奴に、俺に逢ったなんて喋らないと約束するんなら付き合ってもいい」

　彼はそう言って、お福と肩を並べながら奥山の方へ歩き出した。

　お福は、男のために金を使う興味で一杯だった。「しゃも」を食べて、活動を見て、晩には一杯飲んで、彼の貸間まで付いて来た。

「まあ、布巾《ふきん》もお湯呑みもないの？　待ってらっしゃい、私がいいようにしてきて上げるから――」

部屋へはいるなり、お福はそう言って、火鉢に火の起こるのを待って出て行った。帰って来たのを見ると、箒《ほうき》やハタキの類まで買い込んできた。跡から、貸し蒲団屋が蒲団をかついで来た。

彼女はその晩泊まっていった。明くる朝、彼の方から何も言い出しもしないのに、五円札を一枚置いて行った。

この日をキッカケに、お福は殆んど毎日のように彼の部屋へ姿を見せるようになった。彼は大抵部屋に閉じ籠って、飯屋の姉娘のことを思い出したりしていた。お福が来た時、丁度彼がその姉娘と話しているのを見て、跡で焼き餅を焼いたこともあった。来れば大抵活動写真を見に引ッ張り出された。

お福と浅草を遊び回った明くる日、彼は起きぬけに伯知先生を尋ねて、師匠への取り成しを頼んだ。人のいい伯知先生は、快く引き受けてくれた。しかし、師匠の勘気はなかなか重かった。

「外の時とは違う。大師匠が何年振りかで旅に出たのだ。その上、無人《ぶにん》興行だ。出がけに、年寄の面倒を頼むと俺の口から頼みまでした。不断から貴様が年寄に優しくしているからこそ、特に選んで供をさせたのだ。それだのに、あの遣《や》り口《くち》は何だ。二日目から年寄を捨てて女のところへ突ッ走りゃアがって。——邪慳《じゃけん》な奴だって、そんな真似はしねえぞ。貴様のような奴を許したとあっては俺が師匠に申訳がねえ」

師匠に厚い伯山としては尤もな言い分だった。そう言われれば、彼には一言《ひとこと》もなかった。

客分として重んぜられている伯知先生にも、それ以上伯山を強要することは出来なかった。といって、毎日心配して尋ねて来る伯龍の思い込んだ顔を見ると、ここで手を引いてしまう訳にもいかなかった。伯龍としては、今度の詫びが叶うか叶わないかが一生の瀬戸《せと》際《ぎわ》だった。彼は一生懸命だった。しかし、女と活動写真を見て回っている伯龍を見たら、彼の一生懸命さを伯知も疑ったかも知れない。しかし、伯龍に言わせれば、それはそれ、これはこれだった。女の一事によって、彼の一生懸命さを疑われる理由はどこにもないと信じていた。実際彼に取ってはそうだったのだ。

伯知はとうとう伯山に直接当ることの愚なのを悟った。で、大師匠の松鯉に内情を割って泣き付いた。年寄は年寄同志だった。仲裁する、口を利く、纏《まと》める、そんなことに浮世の興味が彼等に向かって残されていると言ってもよかった。松鯉にしてみれば、伯龍に対して理解こそあれ、決しておこってなどはいなかった。第一、孫弟子の中では一番可愛く思っていた。未来に望みを嘱《しょく》してもいた。

「よござんす、あっしから伯山に話しを付けましょう」

松鯉は何の蟠《わだかま》りもなく引き受けてくれた。

このことを、伯知の口から彼が聞いたのは、始めて番頭を通して詫びを入れた日から十一日目だった。こんな詫びの永引いたことは、伯山の門に於いては曾《か》つてないことだった
この吉報を耳にすると同時に、彼はお福と見て回っていた活動写真から――どっちかと言えば、嫌いで見たことのない活動写真から、思わぬ芸の上の新発見をしていた。新しい目ざめを自己の芸の上に感得し掛けていた。

それは「永き恨み」という題の写真だった。姉が不道徳な男に弄《もてあそ》ばれて、恨みを呑《の》んで死んだのを知った妹が、姉の恨みを受け次いで、その男を自分の美しさで魅了し尽くした挙句《あげく》、精神的に苦しみを与えることによって、永い恨みを晴らすという筋だった。日常生活以上の脚色的波瀾《はらん》などは少しもない単純な筋だったが、役者が旨いというのか、監督がいいというのか、とにかく彼がその後数年にわたって見た写真のうちで、最も感激した四つの写真のうちの一つだった。彼は、その主人公に扮する役者の豊富な、自由な、深刻な表情に恍惚《こうこつ》として見蕩《みと》れた。彼は、自分が芸の上で行くべき道を、そこに示されたように感じた。美文口調でただ読んで行くだけの講釈に満足出来ないで、何か違った――何か自分の満足のゆくものを盛ろうと苦しみながらも、では、何を盛ろうとするのかと自問すると、自分にも分らないただもやもやとした感じだけしかなかったものを、この写真によって、彼ははっきり差し示されたような気がした。

「兄さん、出ましょうよ」。

そう言ってお福が促しても、彼は立ち上がろうともしなかった。

番組は、この写真が一回の終りになっていた。お福は、自分達二人がはいって来た時、始めの写真を半分から跡しか見ていないので、それを見るために彼が残るのだと思い、一度立てた腰をまた狭い椅子に卸《おろ》した。しかし、その喜劇が終っても彼は腰を持ち上げなかった。

「どうしたのさ。私おなかが減っちゃったわ」

じれったそうに、トンと床の天鵞絨《ビロード》の上に立ち上がると、彼女は袖を奴《やっこ》さんに振って急《せ》き立てた。しかし、彼は黙って真白なスクリーンの上を見詰めていた。

とうとう彼女は、彼のために、同じ番組の写真を残りなく二回見させられた。その時はもうハネの十時だった。彼女には、彼の心が分らなかった。ただ空腹と、空腹のために一層強く感じる寒さとで、彼女は不機嫌にさせられていた。しかし、彼は彼女の存在などには全く無関心だった。

彼は早く高座へ上がりたくってたまらなかった。感得したものを実行して見たくって仕方がなかった。その矢先に、伯知からの吉報を耳にしたのだった。彼は泣かんばかりに喜んだ。大師匠の広い心を思うと、何と言って感謝していいか分らなかった。——これは後の話だが、大師匠の死の床に侍《はべ》って、犬コロのように、子のない老講釈師を楽しませたのは彼だった。

二三日後に、最後の吉報が番頭によって伝えられた。彼は俄《にわ》かに空が晴れたような気がした。まさに雲を得んとしている龍に自分を准《なぞら》えてもいいと思った。そうなると、いよいよ一日も早く高座へ出たかった。いつもの彼ならば、月の半ばから割り込んで席へ出してくれなどとは口に出せる男ではなかった。「奴《やつ》、金に困っていやがるな」そう思われはしないか、すぐそんなことの気になる男だった。しかし、今度という今度は、そんな人の思わくなどは顧みていられなかった。彼は伯山の前へ詫びに出た時、一番先きにそれを言った。

ところが、師匠は、これを罪亡ぼしの意味に取った。彼は明くる日から横浜へやらされた。これには彼は失望した。なぜと言って、横浜の客は耳を持っているとは思えなかったから――。それに客も薄かったし、どうも客に親しみがなかった。しかし、一度高座に出てみると、客なんかどうでもよかった。客なんか気にする前に、彼には自分の問題が沢山あった。彼は夢中になって芸の工夫に没頭した。――何が仕合せになるか分らない。最初に横浜へやらされたことが、彼に比較的早く客を眼中に置かないという悟りを開く導火線になった。

しかし、胸で分っていることでも、いざそれを芸として形で現わして見せるという段になると、自分が自分で言うことを聞かなかった。目一つ動かすのでも自由にならなかった。まして彼は大事な右の手が生理的に自由を欠いているために、人以上苦しい思いをしなければならなかった。とうとうしまいには、彼は自分がしようとしていることが何が何やら分らなくなってしまった。高座へ上がっている間の自分が、何をしているのか分らなかった。高座をおりてきても、ちっとも胸の透《す》く思いがしなかった。吐き尽くさないもやもやが胸に蟠《わだか》まりとなって残っているような気がした。自分の感得した世界が、芸の最も正しいものではなかったのではないかという疑いも起こった。彼は混沌《こんとん》として日を送っていた。熱心になればなる程気ばかりあせってどうにもならなかった。

そのうちに、横浜が千秋楽になった。彼は大師匠から着物を拵えて貰った上に、幾らかの小遣いをも貰ってみんなと一緒に東京へ帰って来た。しかし、彼は落胆し掛けた心持で、イライラしていた。

三月は社中合同の大一座で、昼が浅草の金車亭と極まった。みんなは大喜びだった。というのは、金車亭の昼ときたら、東京市中でも有数に客の来る席だからであった。

その初日の中入前《きりまえ》だった。頭株はめいめい自分の取り席を持っているので、割合に早く出演してどんどん帰って行く。その跡を受けて彼が読む順になっていた。彼の跡には、世話講談を読ませては近世の名人と言われた文慶が出て、中入という寸法になっていた。文慶は一立斎派の頭目で、名実兼ね備わった大家だった。名人と言えば、誰でも先ずこの人に指を折った。伯龍は眉毛の長い福々しい文慶の顔が楽屋に現われるのを待って高座に上がった。

初日ではあるし、彼は改まった新しい心持になっていた。客は高座から見ると、まるで膝の上に乗り合っているかと思われる程詰め掛けて来ていた。彼は少し堅くなった。

「来たな」と思ったので、彼は本題にはいる前に暫く枕を振った。その間に、旨く「新白《しら》波《なみ》五人男」の読み口へ取ッ掛かることが出来た。お花と徳次郎とが、江戸へ昇りの川船に乗り込んで、トロトロと寝た間に、鼠賊《そぞく》立花金五郎のために五十両という大金を盗み取られる語り出しだった。話がだんだん進むにつれて、彼は話している自分を忘れて、話中《わちゅう》の人物に同化していった。殊に、徳次郎の弱い性格や感情の動きなどは手に取るように分った。分ったというよりも、自分をそのまま当《あ》て嵌《は》めてゆけばよかった。客は咳払い一つせずしんとして聞いていた。無数の目がキラキラと光って飛び出してくるように思われた。自分と聴衆との呼吸が一つにピッタリ合うのを感じた。一言一言《ひとことひとこと》に手ごたえがあった。話をあすに預けて、カラ板の上に頭をさげた時、彼は十分力を出し切った爽快さを覚えた。彼は体中に汗をビッショリかいて楽屋へおりて行った。——跡には喝采が渦を巻いた。

彼は嬉しかった。嬉しさに興奮していた。番を待って静かに煙草をふかしている文慶の前へ行って、

「お待ち遠さま」

と、軽く頭を下げた時、体や声に興奮の調子が乗っているのをどうしようもなかった。

文慶は、煙草入れの筒《つつ》をスウと合わせて、それを腰にさげると、静かに高座へ上がって行った。彼は前座が汲《く》んでくれたお茶に喉を潤すと、そのままそこの柱に靠《もた》れて目をつぶった。高座からは淡々とした調子の「籠釣瓶《かごつるべ》」の発端が聞えてきた。

中入になると間もなく、師匠の伯山が乗り込んで来た。

「本所の――御苦労様」

伯山も文慶には一目置いた挨拶をした。

「や、お早う」

文慶は軽く受けて、二タ言三言世間話をした跡で、

「時に三代目、この伯龍をわしゃア仕込んでみたいと思うがね、稽古《けいこ》によこしてみてはくれまいか」

突然言い出した。

「そりゃ願ったり叶《かな》ったりです。実はこいつの読み口が神田畑にはない読み口なんで、社

中以外の誰かに面倒を頼みたいと思っていたんですが。あなたは弟子取らずだし、そうかといって、典山、蘆洲には私の口からは頼まれませんしね。そういったような訳で、ぐずぐずになっていたんです。どうか是非面倒を見てやって下さい。——おい、本所の師匠がお前の面倒を見て下さるとおっしゃっているぞ」

下座《しもざ》に小さくなってこの話を聞いていた伯龍は、そう言われて、身の光栄に顫《ふる》えながらただ遠くから黙ってお辞儀をした。

始めて認められた嬉しさ——芸術家にとって、この時の感激ほど純粋なものはあるまい。——文慶はやがて自分の取り席へ去り、伯山は嵐のような拍手に迎えられて高座へ上がって行った跡の楽屋で、彼は一人それを思って胸をワクワクさせていた。文慶は弟子を取らないので有名だった。「芸は悟るべし、教うべからず」と口癖のように言っていた。その文慶が自分のために唯一の例外を作ってくれるという。光栄でなくて何であろう。

文慶は名人と言われた。故人の中には、名人と言われた者も五指を屈する程はいよう。現在の人にも、桃葉《とうよう》、典山の如く上手と言われ得る人はいよう。しかし、生きながら名人の名を以って呼ばれているのは文慶ただ一人だった。そのただ一人によって見出《みいだ》された光栄を彼は思わずにいられなかった。文慶はただ未来の彼について言い為しただけで、現在の彼については一言も言わなかった。それを思うと、やや寂しくはあったが、しかし、期待は第一のレコグニションであった。彼は洋々たる自己の前途を思い、胸を突いて湧き上がってくる歓喜の情に、若い全身を放ち飼いにした。

明くる日、同じ高座に昇った彼は、きのうの自分ときょうの自分との間に、激しい相違のあるのを意識しずにはいなかった。自信というものが、これ程人の心を変化させるものかと驚かずにいられなかった。高座の上で言うことなすことに安心があった。混沌としていた彼の世界に、一条の道が付き始めたのだ。若《も》しこの前後に仔細《しさい》に彼の高座を聞いた人があったなら、彼の芸にフレキシビリチーの生じたことを見逃がすことは出来なかったろう。

この日から、彼の本所通いが始まった。文慶は彼のために、最初に「天保六歌仙」を教え込んだ。これは最も彼の柄に当《あ》て嵌《は》まった演題だった。これがやがて彼の出世芸にもなった。彼にとって、文慶の教えてくれる講釈そのものも有難かったが、それよりも、文慶が生きた目で見た徳川末期の江戸の町並や、根がお旗本の出だけに、河内山のようなお坊主の遊び振りや口の利き方、趣味、生活感情、そういったものを身に秘めて知っていた。その伝授が一しお有難かった。半年立つか立たないうちに、彼のレパートリーはぐんぐんふえていった。

「四谷怪談」を教わって、それを神田の小柳亭で出している時だった。面変《おもがわ》りをしてから後のお岩で、彼が、片目が腫《は》れ塞《ふさ》がった物凄い顔を高座で振ると、聴衆はこわがらないで却ってクスクス笑い出した。彼はしょげた。文慶のところへ訴えに行くと、

「ハハハ。お前こんな顔をして、伊右衛門さま――と上から下へ顔を振《ふ》り卸《おろ》しゃアしなかったか。――そうだろう。それでは俺も昔笑われたもんだ。そういう時は、顔をまともにお客に見せちゃいけねえ。下から上へこう額越しに見上げるようにするんだ。その時も、目から下をお客に見せちゃアいけねえ」

その晩遅く――夜中の二時頃、彼は三井の慈善病院の前を通り掛かった。本所の師匠の内を出る時から、「あすは一つ」という腹で、道々お岩に似せた物凄い形相を作って、下から上へ下から上へと何遍も何遍も、恨めしそうに睨《にら》み上《あ》げる工夫を繰り返しながら歩いていた。病院の前へさしかかった時、彼は丁度何遍目かの首を振った。とたんに、

「きゃッ」

と、女の悲鳴が聞えた。

彼の手も足も血も神経も、あらゆるものが一時に心臓へ向かって緊縮した。見ると、それは彼の表情に驚かされた老婆だった。大地に莫蓙《ござ》を敷いて、その上に居眠りをしながらあすの朝の開門を待っている老婆だった。

こんなこともあった。「吉原百人斬」の次郎左衛門、あれの父が怨霊《おんりょう》にとッつかれて狂

い死にに死ぬ場面がある。が、ただうなされて苦しそうな声を出すだけでは、彼にはどうも物凄さが足りないように思われた。それを苦にしていた矢先、文慶が病気に冒された。文慶には女房も子もなかった。女中が一人いるきりだった。伯龍は毎晩席がハネると看病に行った。

　ある晩のことだった。スヤスヤ寝入っていた文慶が、ふいに魘《うな》され出《だ》した。びっくりして彼が起こそうとすると、細い、暗闇で蛇がノタウチ回っていたような声が、急に、

「フフフフフフ――」

という気味の悪い低いうつろな吐く息に変った。彼は背中から水を浴びせかけられたようにゾッとした。

　この「フフフフフフ」を、彼は次郎左衛門の父の場合に使ってみた。そして非常な好評と満足とを得た。

　要するに、彼は文慶に師事することによって、芸の根本義を把握することが出来たのだ。講釈そのものは死物だ。それを生かすのが芸だ。では、芸とは何か。彼はそれを自己だと悟った。自己の生活だと悟った。高座に上がって一席よむ、その時の芸術家伯龍は、その瞬間までの彼自身の生活全体だ。――彼はそう観じたのだ。芸というものを、自己以外に存在する「型」か何かのように思っていた不明を彼は心の底から恥じた。

彼の上達は目ざましいものがあった。彼の位置はいつの間にか中入後を読むまでに達していた。ぐんぐん兄弟子達を追い抜いていった。伯山は、人気があるままに、一晩に二軒の寄せから真打を頼まれることがよくあった。そんな時伯山は中入を早くして、中入後にすぐ自分が出、跡に伯龍を残して次の寄せへ車を走らせて行ってしまうのだった。
「師匠は俺の腕を試しているのだ」彼はそう思った。彼は気上がるのを覚えた。しかし正直に言って、情熱的な伯山の高座の跡は、何といっても苦しかった。殊に味のこまかな世話物を得意とする彼の芸では、興奮させられた聴衆を宥《なだ》めながら引き付けてゆくのは一層骨が折れた。客の過半が立って帰って行くのを、高座の上から手を束《つか》ねて見送る見じめさを彼は毎晩味わわされた。

ある晩、彼が高座に上がってから、木戸を買って〔木戸銭を払って〕はいって来た客があった。大島の揃いを着流した、瘦せぎすな四十五六の、にがみ走った男だった。彼はただ通り一遍の客だと思っていた。ところが、明くる晩も同じ時刻にやって来た。彼は嬉しくなった。彼はその晩その客一人を目当てに読んだ。出し物は「鼠小僧」だった。

その明くる晩は高座に上がるのを楽しみにして行った。やっぱり来てくれた。その客は、その月一杯一日も欠かさずに来た。彼が自分を目当てに来てくれるお客を発見したこれが最初だった。千秋楽が近付くにつれて、彼はこの客に挨拶がしたくなった。

月が変って、伯龍が八丁堀の聞楽亭にかかった時、初日の晩に彼は同じ客の姿をまたそこに発見した。その時の喜びを言い現わす言葉を彼は知らなかった。寄せが変れば、客もガラリと変るのが普通だった。変った寄せへ、前の寄せの客を引き付けるということは至難なこととされていた。従って若し出来れば非常な名誉とされていた。彼は今、それを成し得たのだ。――ここでも、その客は、殆んど毎晩のように聞きに来てくれた。

翌月の「文芸倶楽部」をある速記者の家で手にした時、彼は「新進神田伯龍」の文字を見て胸を躍らした。それは彼が常に劇評家として通人として崇拝していた岡鬼太郎の執筆にかかわるものだった。論旨は、文慶、桃葉、典山亡き後、釈界には聞くに堪え得る者は一人もない、真に一人もない、と慨嘆《がいたん》に筆を起こして、然るに新進伯龍を発見し得たことを喜ぶ、と言って、彼の芸風を紹介しているのだった。筆者の彼に寄せている好意は、行間に溢れていた。例えば、「藪原検校《やぶはらけんぎょう》」を読んでいた時、伯龍が偶然頭を一厘刈りにして高座に現われたことがあった。それを筆者は、「彼の芸に対する熱心は日常生活の犠牲にまで及んでいる」と言って、彼が按摩《あんま》白浪《しらなみ》藪原検校を彷彿《ほうふつ》させるために、殆んどくりくり坊主に近い頭の刈り方をして高座に現われたと言って褒《ほ》めてくれていた。彼は公けの声を始めて聞いたのだ。世間が急に顔を自分に向けてくれたような晴れがましい気持がした。彼は速記者の家を出ると、すぐ雑誌を買って郵便で実家へ送った。

「人気なんか気にかけちゃ駄目だ。人気なんてものは、作ろうと思ったって出来るものじゃない。ひとりでに湧いてくるものなんだ」

文慶の言った言葉を、彼は今始めて真理として思い浮かべることが出来た。

彼は遂に伯楽《はくらく》を得たのだ。彼が文慶に師事してから二年目に、深川の永花亭《えいかてい》から、彼を夜講《やこう》の真打として買いに来た。

彼はその初日の晩の自分を未だに忘れることが出来ない。電車に乗っても、時間に遅れはしまいかとそればかりが気になった。高橋《たかばし》でおりると、自分の看板なんかで客が来るだろうかとそれが心配になった。下足が五つか六つしかない場合を想像したりした。寄せに近付くにつれて、満足に読めそうもない気がし出した。

いよいよ寄せのある露地へ曲ると、「伯龍」と書いた看板が——自分たった一人の名を大きく書いた一枚看板が、秋の澄んだ夜空に高く掲げ出されていた。

彼は真直《まっすぐ》に木戸口へかかる勇気がなく、そこの質屋の土蔵の陰に身を隠して、首だけ出して木戸の様子を眺めた。

下足番がしきりに、

「しゃい——しゃい」

と、景気のいい声を張りあげている。その声に応じて、灯《ひ》のはいった立て看板の前を、スッ、スッ、と光りをさえぎりながら、お客が跡から跡から吸い込まれて行くのが見えた。彼はその一人一人のうしろ姿が拝みたいような気持になった。ガタガタ身顫《みぶる》いが出てきた。彼はそこに踞《しやが》んでしまった。

（「表現」大正一一年二月／『小島政二郎全集 第一巻』昭和四四年 鶴書房）

花野

瀬戸内寂聴

一

「神田松鯉《しょうり》履歴書

本姓　玉川悦太郎

現住所　文京区湯島天神町一ノ十九、電八三一ノ五七八七

生年月日及学歴　明治十八年九月八日生。

港区芝源助町に生れ移転して京橋五郎兵衛町に行き具足町の文海学校卒業。

講談界に入った機縁と略歴

父が神田伯山二代目、夫故《それゆえ》十一歳の時講談師になり昼席をつとめ、父が講談師は学問がなければいかんと申し夜分は夜学に参りました。其頃は事情有りて浅草の森下町に移転致し、夜分寿町の青雨学校へ通学致しましたが、根がなまけ者故家を夜学行と申して出

て、浅草の花川戸に東橋亭と云う義太夫の定席が有りました。そこへ参り義太夫を聞いて帰り、学校へはたまに参るだけ、実になまけ者でした。初高座は浅草公園の金車、出席芸名神田悦山、夫より小伯山と改名、只今では父の隠居名前を相続致し松鯉となりました。講談愛好の皆様道楽者の私を御後援願上げます」

講釈師神田松鯉老人が、数え八十一歳の陶器のようにつるりと照った、しみひとつない白い顔の額を、ややつきだすようにして、

「こういうものでよろしゅうございますかなァ」

と、手渡してくれた自筆履歴書である。

「こういうものは生れてはじめて書きましてね、なかなかこれで簡単なようなもので、難しいものでございますなあ」

職業といっては生れてこの方八十年、ただひとつ、講談を読む以外に、手を汚したことのない人であってみれば、履歴書を書く必要もなかったわけである。それでいて、老人の生涯の昔語りを聞かせてほしいという物好きな、孫のような年の女作者にせがまれると、造作《ぞうさ》がらずに、ペンをとってくれるのである。

湯島天神の近くの、なまめかしい色街の露地の中にある待合につづいた芸者屋の二階の、老人のすまいであった。

通りに面してすぐ格子戸の開く、一間間口の細長い二階家は、格子の桟《さん》も、開いてすぐ狭いたたきにつづいた上りがまちの板も、手が映るほど磨きぬかれている。

正面の天井近くの神棚が見下している玄関の二畳からすぐ右手に、二階へ上る階段の口が開いている。その階段も、おからや、糠袋《ぬかぶくろ》で、日に何度もからぶきされなければ決して出ない飴色の艶が照り、足袋の足元が白く映るようである。

松鯉老人は、この階段の上り下りが、もう辛いらしい。ぜいぜい息を鳴らしながら、両手で階段につかまり、壮年時代にはさぞすっきりといなせだっただろう長軀の腰を、蝦《えび》のように曲げて、よいしょ、よいしょと、一足毎に、じぶんでじぶんを突き上げるようにして上っていく。

表の格子戸の横には「玉川悦太郎」と、老人の本名の標札が一枚出ているだけだが、ここは妻女の梅さんの姉さんの家で、老人夫婦は二階の間借り住いだ。

六畳の部屋の二方の壁際が、衣裳簞笥や茶簞笥でふさがれ、空いた畳の真中に、卓袱台《ちゃぶだい》兼用の机が一つと、年中湯のたぎった鉄びんがのっている瀬戸の火鉢が一つ、それでもう、机のまわりに人が坐ると、ほとんど空間が埋ってしまう。

家具という家具が、埃ひとつ、手曇りひとつ止めていず、その上につまれた箱や罐まで、寸分のゆがみもなく、整然と置かれている。昨日や今日あわてておいたのでは、とうていだせない家具の色艶である。山本山の海苔の罐の上におかれた古くさい型のアルミの薬罐も、磨きぬかれている上に、その口には、水筒の蓋のようなものでキャップがしてある。よほど癇性《かんしょう》のきれい好きの家だけで見られる薬罐の帽子だ。

往来に面した次の間の四畳半から階段の踊り場まで、ぎっしり箪笥や長持や道具箱の類がつまっている。納戸のようなそんなところまで、ちりひとつない清潔さが、子供のいない老人夫婦の暮しのしんとした淋しさを滲ませる。

近所のどこかで、お稽古三味線の音が聞えてくるほか、町の道路工事の騒音も、車の音も、何ひとつひびいて来ない、まるで東京の内とも思えないような静かさである。

おかみさんがほどのいい間《ま》でつぎたしてくれるお茶が美味《おい》しい。猫背をまるめ、じぶんはほとんど、茶も菓子も口にしない松鯉老人から、思い浮ぶままの昔話を聞いていると、ゆるゆる廻っていく廻り舞台の上に坐っているような気持になり、カレンダーではない分厚い日めくりが、はらはらと繰って落される幻影を目の前に見るようであった。

落語は聞いても、講談といえば、ついまわして出てきたテレビのスイッチさえ、あわてて切りかえてしまう聞かず嫌いの邦子が、生れて四十年もすぎて、急に講談の定席として唯一無二の上野の本牧亭《ほんもくてい》の木戸をくぐるようになったのは、若い友人の加島貞次の妻の美奈子に案内されてからだった。

長い下積み時代の末、四十もま近になって、漸く文壇の片隅に片脚かけたような恰好の邦子が、作品の出来る度、何かと相談したり、ぐちを聞いてもらったりする加島は、邦子より十歳あまり年下の編集者だった。邦子の作品が時々載るようになった文芸雑誌「春陽」の邦子のかかりで、もう数年来のつきあいであった。邦子がはじめて「春陽」に作品をおずおず持ちこんだ時、病院の待合室のような殺風景な応接室へ出て来て、応対したのが加島であった。加島もその時は、まだ「春陽」に入って一、二年めであった。度の強い近眼鏡の奥に、三白眼とみえる細い目を時々上目づかいにして、五尺七寸の背丈を、あたりに恐縮したように猫背にまるめている。夏でも冬でも黒っぽい紺の背広しか着ない。

ことばつきは今時の若い男に珍しく、丁寧で、正しいけれども、必要以外のことは一切喋らない加島の応対は、別れたあとで思いかえしてみると、いつでもひどく無愛想で慇懃《いんぎん》無礼《ぶれい》だったことに気づかされる。面とむかっている時、そうと感じさせないだけ、別れて気づかされる冷淡さや皮肉は、倍になってこたえてくる。

邦子は、はじめて逢った時の加島の服装の地味さと、落着いた態度と、低い、ぼそぼそした抑揚のない声の調子に威圧され、じぶんより五つは年上の男だろうと錯覚した。ものなど書きたがるくせに、日常生活では大まかで、間のぬけたところのある邦子が、加島がじぶんより十も年下だと識《し》ったのは、つきあいはじめて二年もたってからだった。

その間に、邦子は、二度、加島貞次に心から愕《おどろ》かされたことがある。

一度めは、Ｋ大のフランス文学を専攻したという加島が、いきなり「落語」の研究書を著わしたことだった。

「興味もないでしょうけど、ごらんになるなら」

珍しく、加島の方から邦子のせまいアパートの部屋へ訪ねて、「春陽」にのせる短い随筆を注文していった帰りぎわだった。それも濃紺の布地は見るからに上等の外套の、いやに大きいポケットから、長い指でつまみ出すようにして、邦子の胸のあたりにつきつけたのがその本だった。

奥付を見るまで、うかつにもその本が加島の著書だとは気づかず、ぱらぱらっとめくった上、も少しで、邦子は、

「どうして、これ」

と聞きかえすところだった。

それが加島の素人ばなれした落語の研究書だと知った時、邦子は呆れて、加島のいつに変らない不服そうな顔をまじまじみつめてしまった。

その次愕かされたのは、しばらく逢わなかった加島に久しぶりで逢ったとき、やはり不

服そうな表情の三白眼で邦子の顔を上目づかいにちらっとみて視線を横に流し、他人事《ひとごと》のように、

「結婚しましてねえ」

といったことだ。加島が結婚したというしらせにそれほど愕いたわけではない。

「あら、おめでとう、どんなお嫁さん」

と半ば儀礼的に聞いた邦子に、

「週刊の鈴江美奈子です」

と加島がうっそりと答えた。とっさに邦子は思わず、

「ええっ」

と、加島に対して失礼に当るほど愕いた声をだしてしまった。

鈴江美奈子といえば、春陽社に出入りしているくらいの者なら、誰でも評判は聞き及んでいるほどの美人で、ミス春陽といわれているくらいなのだ。

美しいだけでなく才気煥発で、愛嬌があって、気難しい大家や、我ままな流行作家の某々でも、美奈子が行けば、原稿をとれるという評判の才媛だった。

春陽社で出している「週刊春陽」では、創刊号から有能なスタッフとなって活躍していた。

会社にとっては加島よりは古い社員で、年齢も上の筈だった。

鈴江美奈子がそれほどの才媛なのに縁が遅かったのは、気位が高いのだとか、婚約者が事故死したのだとか、様々な臆測がされていたけれども、誰も、美奈子ほどの女に、決った恋人もいない筈がないと思っていたらしかった。

そういうことには鈍い邦子が、愕かされたのも尤《もっと》もで、加島の結婚は、しばらく、加島や美奈子を識っている連中の間では思いがけない賑やかな噂になっていた。

地味で出来るだけ目立つまいとしているようにしかみえない加島の、どこにそんな情熱や才覚がひそんでいたのかと、邦子は唖然とさせられた。

美奈子が加島より五、六歳年上だということも、邦子はその時になって聞くと同時に、そのことから加島がじぶんより十歳も年下なのに、はじめて気づかされ、二重に愕かされた。

結婚と同時に、加島は美奈子にすぱっと社を辞めさせ、山手線にある邦子のアパートから一駅の、小さな借家をみつけて引越して来た。

近道をすれば、電車で行くより近い距離になったので、日曜など、加島は美奈子といっしょにテリアをつれて、散歩がてら、邦子のアパートの近所まで歩いてくることがある。

邦子のアパートが、小さな池のある公園の入口にあるので、夫婦と犬づれの散歩には、その公園が恰好の散歩の終着地になるらしかった。

公園の一方の外れの小高い丘の斜面ぞいに邦子のアパートが建っている。加島夫婦は、池の端を一廻りすると、丘の上の合歓《ねむ》の樹の下にある四阿《あずまや》のベンチに来て休む。その四阿は丁度二階の邦子の部屋の真下に当っていたので、そこからちょいと高い声をはりあげれば、邦子の窓にとどくのだった。

ある晴れた日曜日の朝、窓をあけたまま、またベッドにもぐりこんでいた邦子は、自分の名を呼ばれたように思って、窓から首をだした。

すると目の下の四阿から、上を見上げている加島の青白い顔をみつけたのだった。上背の高い加島にくらべると、その胸のあたりしかない小柄な美奈子が、真紅のカーディガンを着て小手をかざして仰いでいた。

燃えるような真紅がよく似合う美奈子は、小粒な美しい歯並びをみせて笑っていた。

加島の脚元を、加島にどこかよく似たテリアが、何かに興奮して、気ぜわしく走りまわっている。

そんなきっかけで、邦子はそれまで春陽社の廊下ですれちがっても口を利いたこともなかった美奈子とも親しくなった。

小柄なのと、派手な顔立ちのせいで、美奈子は加島と並んでも、とても五、六歳も上の姉女房とは見えなかった。

　年より老けているというより、年齢のわからないようなところのある加島は、美しい美奈子といっしょにいると、地味さが落着きに見え、三白眼の陰鬱な青白い顔付が、聡明そうに見え、結構頼もし気に見える。

　住いの近づいたせいで、逢う折りは増しても、加島の態度は一向に変らず、もともとじぶんのことに関してなど、一切語りたがらないのももとのままだった。邦子はむしろ美奈子の口から、加島の噂を聞かされるようになり、これまで知らなかった加島の一面を識るようになった。

　加島が、ちょっと出した茶菓の味わい方からも、相当舌のうるさい男だとは察していたけれど、

「アパート住いでは薪《まき》でご飯がたけないのが厭だというので、今の借家をようやっと探しだしたのですよ」

と美奈子に聞かされた。電気釜などはもっての外で、米の選び方から、水加減火加減、美奈子は結婚して一々加島から教えられたという。台所の外に、わざわざさしかけの屋根をつくり、かまどをつくらせたという凝り様だった。全国の美味《うま》いものは、少しずつでも、本場から季節毎にとりよせる。

そういう食道楽の会員組織は、馬鹿にならない入会金だったが、加島は、シャツをへらしても、食道楽の金は惜しまない。もうひとつの道楽が寄席通いというのであった。

「寄席の面白さは小学校一年の時から覚えたというのですもの、はじめから変っているんですわ」

美奈子への求愛の仕方も変っていて、美奈子が根負けするまで、本牧亭へ誘いつづけたのだという。

「逢うのは専《もっぱ》ら、本牧亭ですから、あたしたち結婚するまぎわまで、誰にも気づかれなかったんですわ」

当り前の求愛には馴れきっていた美奈子にも、加島の寄席求愛は珍しく、おかしな人だと思ったのが縁のはじめで、とうとうこうなってしまったというのであった。

安藤鶴夫氏の「巷談本牧亭」が直木賞をとるどころか、まだ読売新聞に連載のはじまる以前のことで、世間に、今ほど本牧亭の名が知れ渡っていない時であった。

美奈子は女子大は英文科を出ていたが、生れも育ちも浅草で、袋物の問屋をやっている父に六つの六月から踊りの稽古にゆかせられるという、下町式の育てられ方をしているので、鈴本も本牧亭も、子どもの頃から馴染んでいたが、まさか本牧亭で、男と逢いびきするようになろうとは夢にも思わなかった。

本牧亭の昼席で、好きな講釈師だけ聴くとか、夜席で、女義太夫や新内を聴くこともある。帰りは本牧亭の隣で、やはり女席主の出している牛めし屋に入って一杯七十円の牛丼をたべるか近所ののみやで、百二十円の枡酒《ますざけ》を煮こごりや湯豆腐でのむのが、加島のおごりだった。年上はあたしだからと、たまに美奈子がハンドバッグの口を開けようとしても、加島は絶対に美奈子に払わせたことがない。誘ったのはじぶんで、男だからというのが加島のいい分らしく、なるほど美奈子の方から申しこんだ逢いびきは一度だってないのだった。

　加島はランデブーとかデートとかいうことばは口にしたことがなく、よほど親しくなってから、

「中国語にはいいことばがありますねえ、逢いびきを幽会というんですよ」

といった。そんなほのかなくどきしかしない照れやなのも、つきあってみてはじめて美奈子にわかったことだった。

　最初の接吻は萩の中だった。本牧亭の昼席で、神田松鯉の与三郎を聴いて、向島の百花園へ渡った。

　もう閉園間近いのを、せっかく来たのだからと木戸で頼んで入れてもらうと、園内からは出てくる人ばかりで、中にはもう人影がなくなった。

加島は広い庭園の中をじぶんの家の庭のように、一木一草どこに何が生えていると諳《そら》んじている様子で、この草園の一番風情のあるのは、秋のはじめの野分《のわき》の朝だといったりする。いかにも気障《きざ》らしいそういうことばが、加島の口から、さもつまらないようにうっそりと吐きだされると、ああ、そうだろうと、素直に秋草が乱れ伏した野分の朝のわびしいすがすがしさが想像されるから不思議だった。

加島はここが一番好きだといって萩のトンネルの中に誘った。

その時だけは珍しく、細い鋭い目に子供っぽく、いたずらっ子らしい笑いを滲ませ、かくれんぼをしてかくれるように、ついと美奈子の手をとってじぶんから先に入っていった。

細い竹を編んで長いトンネルをつくり、それにびっしり萩をからませたもので、ゆるいカーブを描いたそのトンネルは曲っており、中ほどに入ると、入口も出口も全くみえなくなる場所があった。緑の葉が、竹をすっかりかくしていて、満開の萩の花が葉の間にびっしり赤い可憐な花をつけている。葉もれ陽が青くさしこんで、トンネルの中は水底のように空気がそまり、美奈子の白い頬や腕に、うす緑のかげがさしていた。

加島がそこではじめて美奈子の肩を抱いた。

ふたりの幽会がはじめられて半年くらいすぎていた。

われにかえると、加島の接吻のうまさに気づき、愕いた。派手な噂に年中とりまかれていながら、美奈子はそういうことに経験が浅かった。やがて、加島のうまいのは接吻だけではないことを識った。

結婚してしまって何カ月めかの寝物語に、美奈子が萩のトンネルの中での愕きをつたえると、珍しく加島が青い頬に血を走らせ、はにかんで、

「舌がうるさい方だからな」

といった。

美奈子が訪れるようになって一年ほどたったある日、邦子は外出姿の美奈子の訪問をうけた。

「今日、おひまだったら、つきあって下さらない」

いつでも散歩姿で、ほとんど白粉気もない美奈子しか見馴れていない邦子に、その日の美奈子は珍しかった。化粧も濃く、はじめてみる和服姿が、しっとり似合っていた。

今日が結婚一周年記念日なのに、一昨日から、加島が関西へ出張して明後日でなければ帰れない。今日は加島の代理になって、本牧亭へつきあってくれというのだった。

「加島の好きな松鯉が出ているんです。ぜひ聴いて下さいな」

邦子はすぐ支度して美奈子につきあうことにした。

「きものもとてもお似合になるのね」

「しばらく着ないものですから……でも、少し着なれておかないと、目立つようになってからだと間にあわないと思って」

「あら、もうお出来になってるの」

子供を産んだ経験もある邦子は、すぐそう応えて、上田紬をしゃっきりと着こなした美奈子の腰のあたりに思わず視線をあてていた。

二

上野公園に向かって、広小路の、鈴本演芸場の幟《のぼり》の立っている側の数軒手前に交通公社のビルがある。その手前横の見落してしまいそうな露地を曲ると、左側にすぐ、本牧亭の幟が見えていた。

気のせいか、その露地に一歩ふみいれると、大正の匂いがしてくる。

南京街のようにラーメン屋の並んだ軒毎の看板の、料理の値が、二十円、三十円クラスなのである。どこからか大正琴の音でも聞えてきそうな感じがする。

「昼席は女のお客はほんとに少ないんですよ」

美奈子は先にたって木戸をくぐった。

薄暗い入口の土間の左側に番台があり、小柄な下足番のじいやさんがいる。美奈子とは

もう顔みしりで贔屓《ひいき》の名も識っているとみえ、

「ちょうど今から松鯉さんがはじまりますよ」

と愛想のいい声をかける。土間の右手の壁ぎわに下駄箱があって、土間の正面の一階は将棋クラブになっている。

入場料の一人二百円を、美奈子がす早く払い、広い階段を先に立っていった。

二階に上ると、三十畳ばかりの畳敷の大広間が展《ひら》けていて、こちらむきに客がばらばらに坐っている。

壁ぎわに背をもたせて、居眠りしている男たちもいる。

階段のおどり場のすぐ左手に、売店があり、二、三人の女がエプロンをかけて、茶の番をしていた。

邦子は、こちらむきの客の視線にとまどったが、美奈子は馴れたもので、壁ぎわの客たちの前を小腰をかがめ、つ、つうと白い足袋のつま先を泳がせて、どんづまりの窓下までいった。

あわてて邦子もその後に従った。

大きなクーラーの置いてある壁ぎわに、小さな座ぶとんをしいて美奈子と邦子は並んで坐った。

正面に高座があり、黒紋付のまだ若い男が何かを読んでいる。黄色い顔がつるりとした整った顔のその男を、邦子はどこかで見覚えがあるような気がする。あるいはテレビで洋服姿で見ているのだろうか。高座の向って右端に出ている細長いプログラムの名前は聞き覚えがなかった。

男は明らかに、今入って来たふたりの女、特に若くて美しい美奈子に無関心になれないらしく、読み口はなめらかにつづけたまま、目だけで女客の方をちらちらと見ていた。

「はったと、にらんで」

などという時は、右手の扇子《せんす》を真直ぐに美奈子の方へさしだし、大っぴらにこっちをみつめた。

邦子は、生れてはじめてなまのものを観、聴く講談が、やっぱり大して魅力のないものだと思って、入口で下足のじいやさんから手渡されたままの黄色い上質の紙のプログラムを膝の上にひろげてみた。

番組と刷ってあるその紙には一枚を六劃《むつわり》にしきって昼夜の部を上席、中席、下席の三段にわけてあった。

今日は上席で、

宝井馬琴長演会

（演題）
寛永三馬術
賤ヶ嶽の合戦
お客様と共に時事放談
（助演）神田松鯉
外社中

とある。

客は邦子が頭数を目算すると、じぶんたちもいれてようやく二十人だった。

壁際の客の方が、常連のような馴れた感じがする。みんな相当な年輩で、アルミの皿のような灰皿を膝の前におき、中には小さな土びんと茶わんを前にしている者もある。聞いているのかいないのかわからないような表情で、天井を見上げたり、膝をだいてうつむきこんだり、中には長々と横になって目をつむっている者もいる。

高座の前には五、六十の座椅子が並んでいたが、それもばらばらの人だった。

この本牧亭の席主は鈴本の先代の席主鈴木孝一郎さんの娘さんの石井英子さんといい、女手ひとつでこの席を守っている女丈夫だという。

昭和二十三年の暮、この席が建った時は、娯楽場としての許可はとれなかったので、芸人の合宿所としてつくられた。高座は二間×一間半で、当時は二十畳だったのを後にひろげたのだという。そんな話は、来る道々、美奈子がすっかり邦子に話してくれたことだった。

美奈子が加島と結婚し、薪で御飯をたき、果物から手製のジャムやママレードをつくり、五年めごとに毎年一びんずつあける梅酒の漬けこみの補給をするようになって、すっかり趣味まで加島に染まりきっているのを、邦子はほほえましく思った。才女だ、理智的だと騒がれていても、女は結局男次第で、三十まで守ってきた自分の個性も、精神の領土もあっけないほどいさぎよく惚れた男にあけ渡してしまうらしい。

若い男が引っこむと、

「お中入りい」

と声がかかって、売店から女が出てお菓子やお茶を売って廻った。

菓子箱をさげた女が美奈子の前に来て、声をかけた。

「今日は旦那さんは」

「旅行してんですよ」

と答えながら、美奈子は、豆板とハッカ糖とカキモチをとりわけ、

「お茶もね」

と頼んだ。

「なつかしいでしょう」

美奈子は、菓子を邦子の方へおしやりながら、じぶんも豆板をとってパチンと音をたてて指先でわった。

神田松鯉の話は邦子も加島から一度聞かされたことがあった。落語の話をしていた折、話題が講談に及んで、その時加島が、「アジのある講釈師」だといって松鯉の名をあげた。

「明治の終りから大正のはじめにかけて、講談の名人といわれた二代目神田伯山の息子でしてね。三代目伯山の名は伯山の弟子にゆずられちゃって、息子だけれど継がせてもらえなかったんですよ。昔の芸人気質にはそういう物堅いところがあったんですね。子供より、弟子の方が芸が上だと思うと、そっちへ名をやってしまう。もっとも二代目伯山自身が、一代目から襲名する時、兄弟子たちをさしおいて、師匠から名をゆずられたという因縁もあるんですよ。今の松鯉はおやじにくらべると、いわゆる天才肌の人じゃないけれど、何しろ、高座を七十年近くもつとめているうちに、何ともいえないアジが出て来ていましてねえ。やっぱり、講談の正調を伝えてて、立派なんだ。こう猫背をまるめて、高座に上ってくるところなんざあ、全く姿がいいんですよ。飄々《ひょうひょう》としていて」

加島は、じぶんの猫背の背から細長い首を前に突きだすようにして、人並より長い腕をだらりと前へのばし、軽く上体を上下させて、しかた話に松鯉の高座に出る姿をまねてみせたのだった。

邦子は、加島のそんな機嫌のいい顔は、あんまりみかけたことがないので、その時のことを妙に印象にのこしていた。

やがて、幕がひきあげられると、舞台の下手の正面の杉戸があき、そこから黒紋付のお対《つい》に、黒博多に白独鈷《とっこ》の帯をしめた色の白い老人が猫背の上に、腰も曲った軀を軽々と運び出してきた。

加島が邦子の前でしてみせた姿を思わず思いださせたほど、そのふたつは似ていた。

松鯉は、釈台の前に坐ると、高座から客席にむかって一礼し、右手に持って出て来た白い張扇で、パンパンと続けて二つ、胸のすくような音をたて、釈台の右端を叩いた。

頭のてっぺんにわずかに白毛のひとつかみばかりが残っているだけなのに、いわゆるハゲの感じはしない。明るい舞台の照明の下で、白い顔はいっそう白く冴え冴えと陶器のような照りをみせ、役者にも珍しいような整った美貌は、八十歳になっても昔の俤《おもかげ》を艶《あで》やかにとどめている。

ことばは、いなせな細い軀つきにいかにもふさわしい軽い歯切れのいいもので、淡々としている。表情は無表情に近く、身ぶりもほとんどしない。聞きたくばお聞きなさいといった感じで、客に媚びていない。

「先月の十三日から腰が痛くなっちまって、寝たっきりだったんで、あんまり難しいものはやれない」

と断って、月仙と一休の話をする。

「年ォとって、腰の痛いのは、医者や薬ではどうにもならねえ、だによって治りたければ、一つだけ方法がある。焼場へいけ」

どっとみんなを笑わせておいて、すました顔で表情もかえず、

「こんなことァ、本牧亭でやるこっちゃァねえ、鈴本だァね」

ともう一度笑わせる。

美奈子が、小声で、

「松鯉さんはね、あれで、修羅場《ひらば》が大そううまいんですよ。本格なんですよ」

とささやく。加島の受けうり知識だろうとは思っても、浅草育ちの美奈子には、小さい時から芝居や寄席の雰囲気には馴染んでいて、凝りだすと、理解もたちまち深くなるのだろう。

講談は語るといわず、読むということ、演題を読物ということなども、邦子は美奈子から教わっていた。

二十五分くらいの松鯉の高座が終ると、美奈子は目だたないしぐさで邦子をうながして外へ出た。

池之端の気のきいたてんぷら屋で、食事をしている間も、美奈子は、旅先の加島のことの外は、講談の話ばかりしていた。

加島が落語の本についで、ひそかに今度は、講談に関する随筆とも研究ともつかないような原稿を書きためていることを、誇らしそうに告げるのだった。

ここまでくると、邦子もさすがに年上の女らしいゆとりをとりもどし、

「美奈子さんは、加島さんと結婚なさる前、もちろん恋愛の一つや二つはなさったんでしょう」

などと聞いてみた。

美奈子はいたずらをみつけられた子供のように、ちょっと首をすくめてみせておいて、

「そりゃあ三十近くまでひとりでいたんですから」

と悪びれたふうもなく、結婚前、妻子のある男に熱烈に想われて、迷った話や、遠縁の幼なじみと、ほとんど親類じゅうで結婚するものと決めていた話などを語った。

三

「加島さんから便りがございますかね」

松鯉老人は、新茶の香り高い茶わんを両手で抱きこむようにして邦子に訊いた。細い指は女のもののような美しさで先すぼまりに、節もなくするりとのびている。爪が癇性らしくかりこまれていて小さい。

「はあ、つい四、五日前、先生によろしくと申してきました。赤ちゃんがもうずいぶん可愛くなったそうです」

「そうでしょうなあ、赤ん坊というものは、きりょうの悪いものでもまあ、可愛いものだ」

すましていう松鯉の皮肉に邦子は失笑した。かきもちを菓子器に入れていた梅が子供をたしなめるような口調でいう。

「何ですね、そういうことといっちゃあいけませんよ。そういうこと、人さまの赤ん坊を」

「後を聞いて文句をいいなさい。だによって、加島さん夫婦のようにきりょうのいい親を持った赤ん坊はさぞ可愛いだろうというのさ」

あれだからという顔を邦子にしてみせて、梅は苦笑する。前身は浅草の売れっ妓《こ》芸者だったというこの老人の最後の妻女は、夫より二十ばかり年下の六十ほどで、それより五つくらいまだ若く見える。昔はさぞと思われる中高《なかだか》の、目鼻立ちの華やかな美貌だった。

加島が突然、会社をやめ、瀬戸内海の小さな島の中学へ引き移ってから、もう半年あまりたっていたが、松鯉老人は、邦子に逢う度、同じ質問をするのであった。

何にでも凝り屋の加島が、美奈子の妊娠以来、赤ん坊のことしか考えられなくなって、育児に関する本は目につくかぎり買いこんでくると、美奈子が音をあげたように邦子につげて間もなく、美奈子は日比谷で交通事故にあった。

それは明らかな受身の事故で、美奈子の乗ったタクシーが、後から来た自家用車に追突され、美奈子は額と腕に傷を受け病院へ運びこまれた。胎児は七カ月になっていた。

加島のショックの受け方は異常なほどだった。幸い、顔の傷も大した跡にならないといわれ、腕は五日ほどで全治すると聞いても、加島の不安は去らなかった。

胎児に影響がなかったかという恐怖が加島をほとんどノイローゼにした。美奈子のかかりつけの産科の医者が、今のところは異常が認められないと診断しても、このショックが胎児に後遺症をのこすのではないかという不安を拭い去ることが出来ない。七カ月の胎児の脳細胞の受けたショックの度を現在の医学でははかることが出来ないというのが、加島をほとんど絶望的にした。

それ以来、加島は美奈子に、どんな近所への外出もさしとめてしまった。水いらずでないと生活がこわれるといっていたのに、遂に元看護婦だったという老婢をやといいれた。女中難時代に、よくもそんなにすぐ人がみつかったものだと邦子は感心したが、老婢の破格の給料を聞いて呆れてしまった。それは加島の春陽社のサラリーの三分の一にも当っていた。

美奈子のかかった病院も、加島があらゆるデータから研究し尽した上、決めたもので、カソリック系の最高の設備をほこる一流病院だった。産み月が来て、美奈子が入院してからは、加島はほとんど毎晩のように邦子のアパートへ訪ねてきた。完全看護の病院は、面会時間も厳格で、三十分ほどしか美奈子に逢えないのだ。

子供を産んだ経験のある邦子に、お産の時のあらゆる記憶を思い出させて、話させたがる加島は、三歳の時その子を日本脳炎でなくしたというのを、まるで邦子の責任のように非難した。

明朝の明け方に生れそうだという晩は、加島は真夜中の二時頃から邦子のところに来ていた。校了日で、その時間まで印刷工場につめていた加島は、徹夜で青黒んだ顔をしていた。加島の家には電話がないので、前々からその夜は、邦子の部屋の電話をかりるという約束になっていたのである。

ふたりともひとりっ子の夫婦は、いつのまにか邦子に姉か叔母のような肉親的な親愛をよせているようであった。孤独な邦子もそれでまた結構慰められているところもあった。

「いっそ、朝まで仕事があればいいのに、珍しくもう上っちゃったんですよ」

加島は部屋中を落着きなく、獣のように歩きまわって電話を待った。

「いつかニュース映画でみたことがあるのよ。どこかの島の原住民は、妻がお産の時、樹に上って、奇妙な泣き声をあげたり、大げさな苦悶のジェスチュアを一生懸命して、妻の苦しさを助けるつもりになっているの。加島さんをみていると、そんな習慣が日本にもあると助かるのになあと思うわ」

邦子がそんなことをいうと、さすがに加島も照れて、しばらくソファーに膝を抱いて坐り、じっと目を閉じていた。その姿が祈っているように見えた。死んだ夫の放蕩に散々悩まされたあげく、未亡人になってからのいくつかの情事でも、いいかげん男に利用され、手ひどい裏切りばかりうけてきた邦子は、もう人間の愛などにすっかり懐疑的で否定的になっていた。それだけに加島夫妻の愛のこまやかさや、特に加島の、異常なほどの家族愛をみると、不思議な気持と同時に、稀有《けう》な宝のかけらを拾ったような貴い洗われた感情にもなるのであった。

午前六時、病院からしらせの電話があった。

受話器を握りしめていた加島の手が震え、顔にさっと紅みがさした。

「ありがとうございます」

加島は電話の前でしきりにお辞儀をしていた。あのニヒルで皮肉なふだんの表情などどこにもなかった。

電話を置いた加島は、呼吸をととのえるように一瞬うつむいて、ようやく顔をあげると、

「女です」

といった。その目が濡れていた。邦子は思わず、

「おめでとう」

といって立ち上り、加島の方に近づいて両手をさしだした。自然の動作だった。加島もその手を握りしめた。目をみあわせたふたりの間に、熱いものがたぎった。次の瞬間、邦子は加島の胸の中にいた。

顔を離したあと、ふたりとも愕いたように互いをみつめあった。邦子の方が、その中から早くわれにかえり、

「お祝いね」

と短くいった。それからさっとその場を離れカーテンをひきあけると、祝盃のブランデーをとりに台所に立った。

加島と邦子が触れたことは、後にも先にもその時だけだった。

赤ん坊は美奈子の美貌に加島の品をそえた惚れ惚れするような可憐な美しさだった。加島は落語の「子ほめ」のあとに、

「そうお世辞をいわれ本気にするほどの親馬鹿ぶりでございます」

と印刷したものを祝いがえしに入れるほどの子煩悩ぶりを発揮した。

やがて赤ん坊を育てるにも、人間らしい家庭を営むにもこの東京はふさわしくないという理由で、加島が島行きの決心をした時、相当加島を識っていたつもりの邦子もあっけにとられた。

「あなたも早く逃げだしていらっしゃいよ。島は魚はうまいし、果物はあるし、人情は素朴だし、まだ楽園ですよ」

加島は本気でいっているらしかった。三代つづきの江戸っ子の美奈子がよく承知したものだというと、

「寄席がないだけが玉にきずだといってますがね」

とすましている。加島は島で、かえって自分の研究がつづけられるだろうといった。

「これは残していきますからね。また小説にでも使って下さい。それにあの老人はもっとつきあってごらんなさい。明治が残っていますよ」

といって、分厚なノートを三冊残していった。それには「松鯉覚え書き」と加島の右下りの丸い字で書いてあった。

そこが親子三人の平和を守るに完全なら、地の涯の楽園はおろか、天国へでも行きかねまじい加島の気持だった。現代の童話としか思えない加島の生き方に、邦子は一種の感動を味わわずにいられなかった。

三人に去られてみると、邦子の孤独な生活はいっそうしめやかになった。

仕事の手のあいた時など、邦子の脚は自然、上野へむいていた。

いついっても同じ空気の澱《よど》んでいる本牧亭の二階の片隅に、もう邦子の坐る場所は決ってしまった。

最初いったクーラーの横に、ぽつんとひとり坐って、半分目をとじながら、単調な読物を聞く。

最初は、魅力がないと思った講談の面白さがいつのまにか番茶の味のようになつかしくなってくる頃には、松鯉老人とのつきあいも、何とはなしに深まってきていた。

邦子はいつ頃からか、人生を歩きつづけてきたさまざまな老人たちばかりの姿を、書き集めてみたいという仕事の構想を抱いていた。

青春とか、愛だとか恋だとか、いきいきしたものに心が向かわず、人生の黄昏《たそがれ》にたどりついた老人の表情や、たたずまいに、心をひかれるようになったということが、すでに邦子が人生の峠を上りつめた証拠でもあるかもしれなかった。

加島の「松鯉覚え書き」のノートには、折にふれ、老人から聞いた昔話や芸談を、克明に書き写してあったり、時には、

――大正四年稿永井荷風「築地草」より。

「松鯉馬琴は斯界《しかい》の古老なりと言ふ。われ松鯉の水滸伝を聞きて漫《そぞろ》に国芳が錦絵の筆力と彩色を思出でたり。松鯉の芸は一席二席位にてはこれと感心する処なけれど日毎日毎聞き行けば何処と言はれぬ処にうま味生じ来りて忘れられずこれ等を以て真の老練と言ふならんか。……」（発表誌、大正五年正月号、娯楽世界）――

というようなノートもまじっている。

この松鯉は明らかに二代神田伯山のことで、現在の松鯉老人の実父のことである。邦子はこの荷風の松鯉の芸評を読みながら、それがそのまま、現松鯉の芸評としても、寸分おかしくないのを感じていた。

こんな聞き書きの頁もあった。

「ああ、おやじのことですかね。厭だね全く、なまじっか偉え親持つてえと、いつまでもたたりますね。あたしあ、親の七光りなんてことばは信じませんね。何しろ、物心ついた

ころから、おやじが偉えから偉えからと、二言めにはまわりでいわれる。そんな偉え親の子だから、どんなに天才だろうという目で見られている。そんなに天才が、二代もつづいて生れてたまりますかね。そんなに都合よくいっちゃあ、天下中天才だらけになっちまわあ。

あたしのおやじってのは、本名を玉川金次郎といいましてね、飯田町九段中坂下に生れています。祖父の家は荷車宿で、祖父がそもそも大の講釈狂いだったんです。だによってあたしのおやじは、子供の頃から祖父にくっついて寄席通いをする。そのうちに、じぶんも趣味を覚えちまったというわけなんですなあ。十五の時にはもう講釈師になる決心をして、その頃両国の横山同朋町に住んでいた、初代伯山の許《もと》へ弟子入りしています。

その頃、つまり明治のはじめからあたしの生れた二十年前後ってえのは、講談界の全盛時代でしてねえ。市内の寄席も講談落語あわせてざっと百六十三軒あったくらいです。江戸時代の寄席の数ですか、ああ、それも時代によりけりでしてね、文化十二年には江戸中に七十五軒、文政の末には百二十五軒となり、天保には七十六軒、同じく天保十三年には水野忠邦の例の大改革でぐっと減り、三十年来のもの十五席をのこしただけですっかり取《とり》潰《つぶ》しになってしまった。弘化に入ってから又、寄席営業が許可になって、七百軒も激増しちまったと、物の本にも書いてあります。

安政に出た大江戸都会荒増《あらまし》日《ひ》勘定《かんじょう》には『軍談の席二百二十軒、はなしの席百七十二席、各客百人ならし、座料一人前四十八文として、此金三百廿六両二分一貫文』とありますよ。

明治の講談席は、東両国の五郎兵衛、西両国の福本、浅草見附の太平記場、浅草三社《さんじゃ》前、弁天山、矢大臣門の三席、及び金車亭、神田の小柳、下谷の本牧、日本橋の四日市、京橋脇の都川、中橋の松川、同じく石崎、京橋の清竹、八丁堀の浅田、岡よし、三田の春日、本郷の岩本亭等が、ざっとあげられます。ついでだから色物席もあげると、

麹町に万長、神田に白梅《はくばい》、立花、日本亭、日本橋に伊勢本、木原店、末広、寿々喜《すずき》、立花家、京橋に金沢、つる仙、朝田、芝に栄寿、恵智十、玉の井、宇田川、春日、麻布に万寿、赤坂に宮志多、四谷に忍原《おしはら》、荒木、牛込に藁店《わらだな》、小石川に服部、目白、本郷に若竹、荒木、下谷に吹ぬき、鈴本、浅草亭、本所に千歳亭、深川に広川、三つ木、寿々木亭などがありました。

この頃は席といっても、夜席だけが多く、昼間は何かの工場とか店が、夕方から講釈場になるというのが普通で、下足があるのも上等の方で、畳替や座蒲団の手入れなどは、真打が金を貸すのが当り前のようでした。講釈師が先生、先生といわれるのも道理でしょう。最も、この先生ってのは、講釈師は江戸時代からそう呼ばれていて、角力とりは親方、落語家は師匠、講釈師は先生と、こう決っていましたね。

大正に入ってから全く寄席もさびれてきましたねえ。今じゃ講談席が本牧亭ただひとつ、というんだから全く、御時世とはいえ情けなくなっちまわあねえ。長生きはしたくないもんだ。

とにかく、あたしの生れた頃あたりには、講談界は群雄割拠、群星一時に雲集し、さながら軍談八天下、といった観を呈しておりました。ざっと主《おも》だった名人を指折ってみても、三代目貞山、続いて桃川如燕、伊東燕尾《えんび》、田辺南龍、松林伯圓、正流斎南窓、神田伯山、放牛舎桃林、邑井《むらい》貞吉、小金井蘆洲《ろしゅう》、伊東花楽、柴田南玉、宝井琴凌、桃川燕林、旭堂南慶、邑井吉瓶《きっぺい》などが浮んできます。

こういう連中は、まあ生れつきの才能があった上に、それぞれに自分の得意の読物に工夫をこらし、努力を重ねたので、席亭の木戸口は次第に賑い、下足札は足りないという有様、客も熱心に通うと同時に聞き巧者になり、高座の下で木枕だしてごろ寝しながら鼾《いびき》の伴奏で聞くというようなことはほとんどしなかったくらいでした。何の世界でもそうですが、畢竟《ひっきょう》、名人上手が輩出したら、客も多く客質もよくなり、好況を見るのですよ。まあ、今日の講談会の振わないのも、嘆くより先に、われわれの芸の貧しさを反省すべきでしょうなあ。

おやじの師匠の初代神田伯山は神田伯龍の三人の高弟の一人で、その第一は伯鶴《はくかく》、後この人が伯龍を襲《つ》いで水戸伯龍と呼ばれ、第二が伯圓、第三が伯山でした。伯龍の先生てえのが神田辺羅坊《べらぼう》寿観《すかん》という人で、伯龍は神田辺羅坊の神田の二字をとって神田と名乗ったんです。これが神田流の元祖ということになっています。一方南鶴という人が神の次の田から二字とって田辺と姓にし、田辺派をおこしています。

初代伯山は得意の読物の中でも特に大岡政談の天一坊が売物でして、至るところで大入りを占めたので『伯山は天一坊で蔵を建て』といわれたくらいでした。

この伯山には八十二人も門弟が集まりましてね。三代目伯龍、初代木偶坊《でくのぼう》伯麟、伯馬、伯鶴、伯壮などが中でも高弟として名が聞えていました。あたしのおやじの金次郎もはじめは伯勇という名で十三年間修業し、明治三年になって、はじめて師匠から名を譲られて二代目伯山を襲名したのです。この襲名ということが、芸人の仲間ではなかなかたいそうなことでありまして、何しろ、芸人は今でもまあそうですが、何よりも名前を一番大切にします。名がなくっちゃあ、腕があったって世間で相手にしてくれあしません。だによって金よりも名が大切。今度はお前を丈長《たけなが》に下げてやるかわり、給金《サラリ》は安いよといわれると、大喜びで、サラリなどどうでもいい、ぜひ丈長にというくらいでしたよ。丈長というなあ木戸口へ掲示する一枚ビラのことで、立看板のこたあ、われわれじゃ爪足といいます。ま、そういうわけで、誰しも、いい名を襲名したい。ところがおやじの伯勇が末弟のくせに、師匠の名を継いだというのだから、さあ、兄弟子たちの腹がおさまらない。中でも、高弟中の高弟で、芸達者だった伯鱗なんかは、かんかんに怒った。よくもおれをふんづけにして師匠の名を継ぎあがった。兄弟子のおれをでくの坊扱いにしてくれたなってんで、世間にも顔むけがならないからと、わざわざあてつけに木偶坊伯鱗と名を改めちゃった。

ずいぶんとその間に色々と悶着がおこって、おやじは辛い想いをしたそうです。しかし偉い人の目はふし穴じゃない。さすがに初代伯山は伯勇の才能を見抜いていたんだね。初代伯山が隠居して川崎在にひっこんでから、二代目伯山はぐんぐん実力を発揮して師匠の恩にこたえました。八丁荒しの異名をとるほど、この世界で人気随一になり、天才といわれるようになったんです。八丁荒しとはね、その人が席に上ると、まわりの八丁の席ががらがらになる人気者という意味で、落語家《はなしか》の圓朝なんかもそう呼ばれていました。

もっともこの時代の芸人の修業なんてものは、今の人にはとても想像の出来ないくらい辛いものだったんですよ。よくおやじが思い出話にしていたのを覚えています。前座時代の自分の苦労をいうのは照れくさいとみえて、あたしなんかには、音曲師《おんぎょくし》の扇歌のことを例にとって、講釈師より更に音曲の修業というのがつくからなお大変だという前置ではじまるんです。先ず朝五時に起きると、二天門の脇の清元の師匠の所へ稽古に行く、学校の子供が来ない前にと思うのでたいてい一番乗りをする。師匠はまだ寝ているのを起して稽古をつけてもらうと、その足で三間町の常磐津の師匠の所へ行く。そこがすむと今度は下谷までゆき、数寄屋町の芸者屋でお座附きや三下りや流行唄《はやりうた》なんぞを稽古して家へ帰り、昼食をとると昼席へかけつける。一番太鼓を入れて楽屋を片づけ、こまごま用を足していると先輩があらわれる。その人たちに一々お茶を出す。出場者の羽織をたたむ。走り使いにやられる。その間に少しの閑をみつけては高座の人の芸を覚えようと一心に聞く。昼席から夜席に移っても同様、きりきり舞して働き、はねてからは一番あとに帰る。遠い席の時でも俥《くるま》に乗れる身分ではないので夜道を歩いて帰ると二時三時にようやっと家にたどりつくというのがほとんど毎晩の例になるというんです。おやじはその話を繰返しあたしに聞かせましたが、まあ、自分の修業時代の辛さも似たりよったりだといいたかったのでしょう。

自分のことにして話したのは、初代伯山はおやじを可愛がって、よくつれて歩いた。席がはねて一里ぐらいの夜道を提灯《ちょうちん》を持って師匠のお供をしてテクテク帰ってくると、師匠は早速熱燗をつけさせて一杯のみ軀をあっためます。その酌をおやじにやらせながら、自分はさも美味そうに、さしみをつまんだり、すき焼をつついたりする。おやじの方は疲れとひもじさの上に見せつけられるのですから、腹の虫がぐうぐう音をあげる。師匠伯山は、じろりとみて、

『お前も食いたいだろう。え、食いたいにきまってらあ。だからそんなに腹が鳴ってるんだ。だがな、わしはお前にこの料理や酒をやらないよ。お前くやしかったら一生懸命勉強して早くこんな肴で酒の一杯ものめるような一人前の講釈師になんな』

そんな鍛えられ方を十三年もしたから、根性が据わるのも道理です。

それにくらべちゃあ、あたしなんざ、およそ怠け者でしてね。才能がない上に怠け者ときてるんだ。芸のうまくなりっこはねえ。おやじは格別甘やかす気持もなかったんだろうが、何しろひとりっ子だったもんで、ついつい甘くなったんでしょうなあ。物心ついた時は、もうおやじの全盛時代で、坊ちゃん坊ちゃんとちやほやされ、小遣いには不自由しないし、こういう生《なま》っ白《ちろ》い顔に生れついたが因果で、何となく女にもてる。はあさよですね。あたしのおふくろってえのが、まあ、何とか小町といわれたようなきりょう好しでしてね。子供心にも、おふくろを、錦絵の女みたいにきれいだと思ったことがありますから——あたしは、顔だちは、幸か不幸かおふくろ似なんだそうです。やっぱりひとりっ子だもんで、おやじは講釈師にさせるつもりがあったんでしょう。七つ八つになると、もう釈台を叩かせられていましたが、そんなのは小僧のお経と同じで、調子と節で覚えちまって、一向身にしみないもんです。ま、一口にいって不肖の子だったんですなあ。

こっちにいわせりゃあ、あんな親を持つことぐらい張合いのないこたあない。いくら講釈が上手くなったって、おやじと比較されちゃうんですからね。万一うまくいったところで、あの親の子だもの、あれくらい当りめえだということになる。うまくやっても、うまくやれなくっても、おやじがついてまわる。こんな情けない気持は、いわゆる偉い親を持った子でなきゃあ、わかりっこありませんよ。あたしなんざあ、この商売をついだばっかしに、とうとう最後まで、おやじの影響というやつからとき放されることがなかったと思いますね。今でも首根っ子をあいつにぎゅっとつかまれてる感じですよ。

話がそれてしまったが、まあ、そんな次第で、二代目伯山が誕生するてえと、あらゆる意地悪や陰謀がまわりをとりかこんだものです。はあそりゃあ、もう男の嫉妬というのは女よりはるかに強いものです。それも色恋の嫉妬より仕事の嫉妬の方が始末に悪い。

おやじもさすがにこれにはまいってしまったらしい。襲名興行で、当分みんなに注目されているから、何とか、ここを立派にやり通さなくちゃあならない。ところが、どこの席へ出ていっても、おやじの前に伯鱗たちが出て、おやじのやりそうな読物を先にやっちまうんです。そいつが下手なら、文句はないけれど、みんな兄弟子で、しかもうまいときている。芸の上じゃ、当時のおやじより出来ていた人たちだ。そのあとへ上って、それ以上にうまくやってお客の気分をつかもうてんだから骨だ。辛い。おやじは高座で、冷汗をどれほど流したかしれないといってました。

強気のおやじも、これにはほとほと弱っちまって、ああおれはもう駄目だ。こう伯鱗たちの恨みを買って意地悪をつづけられちゃあ、半年間うたねばならない襲名興行がとても持ちきれないと、家へ帰っても、眠れないで、腕ぐみして、沈みこんでいたそうです。

　おやじのおふくろがそれをみて、可哀そうになり、おやじに内緒で、一生懸命方々の神様へ願かけして、何とかうまくこの襲名興行をきりぬけさせて下さいと祈っていた。ところである日、深川の不動様へ詣るてえと、その門前で人だかりがしている。何気なくのぞいてみると、汚いどろどろの木綿の紋付を着た髯《ひげ》ぼうぼうの年とった講釈師が滔々《とうとう》と読んでいる。おふくろも人垣にまじって何気なく聞いてみると、これがめっぽう面白い。読物は水滸伝だけれど、一百八人の豪傑のそれぞれの活躍が、聞いていて時間を忘れるほど面白い。おふくろは、まわりの人にこの辻講釈は毎日出ているんですかと聞いてみた。毎日出ていると答えるので、その足ですっとんで帰り、おやじに早く深川へいってその講釈を聞いておいでといったもんです。心の弱っている時に藁《わら》でもつかむ心境だ。おやじは、おふくろにいわれたまま、それでも人に目だたないよう、頭巾で顔をかくし、身をやつして、聞きにいった。聞いてみると、なるほど面白い。これだっと思った時は思わず御不動さまに手を合せている。読み終って客がちりぢりに消えたあと、おやじ一人残って、実は自分は神田伯山だが、自分のきわめつきになるような新しい読物の研究に困りきっていた。あなたの水滸伝は実に結構だから、教えてくれまいかと丁寧に頼みました。その辻講釈師は、笑ってとりあわない。天下の神田伯山ともあろう者に、こんな乞食同然の辻講釈師が教えるなんてべらぼうなこたあねえ。からかうのもいいかげんになさいという。何としても応じてくれない。そこでおやじはそれから毎日毎日、深川へ通いつめ、その男の水滸伝を聞いて覚え、自分のものにしたのです。男もしまいには、おやじの熱心さにうたれ、じぶんから、教えるようになったといいます。それが、二代伯山の売物となった宋朝水滸伝でして、これを高座にかけたら、お客がわっとわいてきた。襲名興行の時は一日に六時間もぶっとおすんですから、並たいていのものじゃつづかないんです。ところが水滸伝は長いから、いくらやっても材料にことかかない。まあ、祖母にいわせたら神仏の御加護があらわれたといいたいところでしたろう。

　おやじの宋朝水滸伝の特徴といえば、それまでの材料をぐっと通俗にくだいて、洒落や滑稽を多くしています。剛勇無双の花和尚魯知深《ろちしん》が、山の上から転がり落ち、岩角へ頭をぶっつけたら、岩の方が顔をしかめ、オオ痛いって叫んでボロボロ砕けたんでガンスといったような調子で、まあ今からいえば他愛もないけれども、とにかく天才だといわれて終りを全うしました。初代の得意だった天一坊などもやはり売物にしていました。大岡越前守と伊賀之亮の網代《あじろ》問答の件など、殊に評判になって、明日は網代問答だと湯屋や髪結床へビラを廻すと、どっと客数が殖えたものです。越後伝吉、幡随院長兵衛なんかも、やはり他の追随を許さないものがありましたよ。襲名でさんざん苦労させられたおやじが、やはりその名を、自分の子のあたしに譲らず、明治三十七年に、弟子の小伯山に譲ったというのも因縁めいております。

色の方も強くて、二代伯山は死ぬまぎわまで吉原通いしたなど伝えられておりますが、大正十年四月二十七日に死んだ時は七十九歳ですから、まさかねえ。おふくろとは仲のいい夫婦でした。

松鯉という隠居名は神田祭のまつりをしゃれたつもりの名だそうです」

加島のノートにはこんな頁もある。


(現代講釈師異名)

馬琴(ちんころ)典山(原田甲斐)伯知(大江広元)伯鶴(ジゴマ)燕楽(女鹿)鶴枝(鼠の殿様)金田登幸(こんじん様)燕雄(うなり雷)ろ山(黒牛)伯龍(にょろ岩)桃李(どくまぐろ)桃玉(さば)伯龍(ボラ)松鯉(できたての石衣——心は甘くてやわらかい)

邦子は加島のノートを読みあげると、いっそう松鯉老人がなつかしい人間に思えてきた。

「人間、一代にはいろんなことがありますよ。一代といっても七十年、八十年と生きますとねえ」

と、白い顔の下にいつも咽喉をいたわって巻いている白布が目にしみる老人が、何かの話のつぎほに、ほっと、ため息のようにもらしたことばが邦子の心によみがえるのだった。

加島の赤ん坊の話から、

「あなたお子さんは」

「死なせました」

「ほう……それは……ついこの間もね、友人が来ていうことには、人間の不幸せな状態に三つある。三十で両親のないこと、五十で子のないこと、七十で家のないことというのです。松鯉さん、あんたはそのどれもないから、不幸適格者だねえってね。そういわれてみりゃあ、なるほどだって笑ったことでしたがね。でもこの子どもってやつぁ、また、考えようで、あっていいとばかりもかぎらない。あたしのような子供をもった親なんてのは、やっぱりあんまり有難くなかったでしょうなあ」

孤独な中年女をなぐさめたくなったのか、じぶんの背をすっと撫ですぎたような淋しさをたちまち巧みな話術の中に織りこんでしまって、老人の話は軽妙洒脱になっていく。

それは悦太郎時代の二十代の頃、もててもてて仕様のない頃の話だ。

ある大晦日の黄昏がせまってくると、悦太郎は、そわそわ落着かなくなってきた。母親が、明日の正月から着るようにと、つくってくれた新調の着物を一目も早く見せたい女があった。着物は、市楽の上下で、鼠地に白のさつま筋の、粋さが、色の白い上背のある悦太郎には、役者のように見映えがして似合う。

長襦袢《ながじゅばん》の羽二重の染めは、父の伯山と同じ模様の色ちがいで、図案は東海道五十三次を絵巻風に染めあげてある。

この図案は、女の帯につかってもずいぶん斬新で粋だなあと思ったのが運のつきで、一刻のがまんもならず、この着物を着た男前を、女に見せに行きたくなった。その時の女は、深川の芸者だったが、もちろん、れっきとした旦那がいた。旦那の目を盗んで悦太郎とはすでに半年以来深い仲になっている。

悦太郎は、両親の目を盗んで、正月衣裳をつけたまま、するりと門をすべりだした。女の家にかけつけてみると、生憎《あいにく》大晦日のかき入れ時で、とても間夫《まぶ》に逢う閑などはない。口惜しまぎれに悦太郎は、もよりの賭場へ寄った。バクチは女より好きな方だから、熱中するととめどがなかった。ついていない時はそういうもので、たちまち身ぐるみはがれてしまい、そういう場合のための賭場に用意してある帰り用の貸衣裳を着せられて追いだされた。熱が冷めてみると大晦日の晩、正月用の着物まですっては家の敷居がまたげないはめになっている。しおしお帰ってみると、思いがけないものが玄関で目についた。門を入ったすぐのところに、夜目にも艶やかな新品の俥が置いてある。伯山が、正月から使うつもりで買い入れた自家用車にちがいなかった。

悦太郎は走りよるなり俥の梶棒を持ちあげた。新しい俥の輪は、軽く、音もたてず廻る。そのまま俥をひきだすと、尻はしょりをして、いきなりかけだした。バクチ場の近くに俥屋があったのでそこへ持ちこみ買ってくれといった。その俥は、四十五円で伯山が買い入れたものだった。伯山の木戸銭十二、三銭の時である。

俥屋は、悦太郎の人相や態度を見て、盗品ではないと思ったから、足元をみこんで二十円ならひきとるといった。悦太郎は、二十円で俥を売りとばすと、その金をつかんでまた、賭場にかけつけていった。バクチの醍醐味は当り外れのあるということで、その夜の二度めの悦太郎の手はつきについてきた。面白いほど金が集まり、たちまち、元の金はとりもどし、着物ももどると同時になお百円ばかりの現金が出来た。その間、わずか三時間ばかりの出来事だった。金を懐にねじこむなり俥屋にかけもどり、さっきの俥を買いもどそうとするともう二十五円でなければ売らないという。仕方なく二十五円で買いもどしたものの、今度は自分がひく気にならない。行きは夢中でひいた俥なのに、金が出来、なりが整うとても大晦日の夜の人ごみをひいて歩けたものではなかった。車夫をやとって酒手をはずみ、自分はその横についてどうにか家まで持ちかえった。まだ親の乗らない俥には乗れないという律儀さが、若気の無頼と同居しているのだった。何くわぬ顔で、そっと元の場所に置き、入っていくと、家の中は異様な空気に緊張している。

「悦、お前大変なことになっちまった。お父さんの俥が盗まれちまったよ」

母が青ざめて言う横から、伯山も苦虫を嚙みつぶした表情で、

「警察へ今、とどけたばかりだ」

悦太郎は、すました顔でいった。

「おかしいなあ。お父さんもおっかさんもどうかしてらあ。俥は今、そこにちゃんとあったぜ」

「何だって」

ふたりは飛んで出ていったが、帰ってくると、

「やっぱり一たん盗んだものの怖くなってこっそり持って来たのだねえ。まあ俥が返ればいいさ」

ということで、おさまった。

松鯉老人は、そこまで話してくると、

「ところで、親は甘ちゃんだから結構だませたつもりでいたら、ちゃんと見ぬいた人がいましてねえ。その頃二階に下宿さしていた、巡査の夫婦がいたんですよ。さすが職業柄、

その巡査がちゃんとあたしのしわざだとみて、あとでこっそりおふくろに、あれは坊ちゃんのしたことだから、あんまり表むきにさわぎなさんなと忠告したっていうオチがついてたんです。除夜の鐘を聞くと思いだす親不孝ぶりですよ」

と、つるりと薄い掌で端正な顔をなで、にやりとした。

四

「いやもう、腰の痛いのは、年のせいでしてねえ。こればっかりは仕方がない。でも不思議なものですなあ。家にいると、こんなに痛んで辛くて、いっそなますに刻んでほしいと思うくせに、高座に上るとたんに、しゃきっとするから不思議ですねえ。あの時ばかりは、別人になるんですかねえ。それとも、何かが乗《の》り憑《うつ》るんですかねえ。ええ、ですから、読み終って、お辞儀をしたとたんに、もういけませんや。出ていく時はしゃきっとのびていた腰が、もう蝶つがいが外れちまったようになって、どうにも持ち上らねえ。人にかかえられて、やっこらさと立ち上るようなことになりましたよ。

でも何ですね。講釈師というのは総じて長命ですよ。昔から七十八十まで生きて、死ぬまぎわまで高座に上りつづけた人は数えきれませんからねえ。この講釈師が長命という理由は、声を出す商売ってえのが原因にあるんじゃありませんかね。あたしなんぞも、若い時は心得が悪く修業におよそ不熱心だったけれども、今でも毎朝、法華経を三十回は大きな声で唱えますよ。それは声を衰えさせないための訓練のつもりでしてね。こういうことが自然軀にいいんじゃありませんかね。

いや、酒はさっぱりだめになりましたね。昔道楽したもんだからさぞのめるだろうと思われているけれど、もうさっぱりだめですね。色の方ですか、さあね、思いだせば、今を去ること十年くらい前までが、人並にできたかねえ。え、ああ、今の年ですか八十ですよ。このごろは、ほんのあれだねえ、だけれどあなた、この色というものは、人間の助平の度にかかわりなく、やっぱりいいものですよ。これがなくっちゃあ、世の中は味気ない。

あなたの御商売でもそうでしょうが、世の中は色と金、煎《せん》じつめればそれだけのために、人間という人間がふりまわされ、右往左往して生きている。それをお書きになるのが、いっそう、万人の気持に通じるんじゃありませんかな」

邦子は老人のこういう解釈には、いつもだまって、にこにこうなずいておく。

「まあ、人間、色っぽい話さえしたら、お互い腹もたたねえから、今日みたいに梅雨のうっとうしい日は、昔の色ざんげでもいたしましょうかねえ。いえ、これであたしゃ、筆おろしは遅い方でしてね。数え十八の年でしたよ。何しろ、若い時から女の子の尻をおっかけるよりバクチの方が好きだったもんで、そっちの方は意外とおく手だったんです。バクチの方は、これはもう十二、三から本気に好きで、どうせ、講釈師になったところでおやじが日本一なら、それ以上になれっこないんだからとあきらめましてね、いっそ、本職のバクチ打ちになりたいと、大親分のところへ弟子入りしにいったんですよ。態《てい》よく追いかえされましたがね。

その次は、それじゃひとつ相場師になって、大金もうけてやろうてんで株屋へ頼みにいった。これも結局お断り。相場師は、数学的のあたまがなくっちゃいけない。それが生憎もちあわせていなくてね。ま、そんなわけで、仕方なく講釈師になっちまったけれど、女を買う金があればバクチをしにいくから、一向に機会がない。それでつい十八まで童貞でいたというわけだ。

相手は吉原の女郎でしたよ。あたしゃ、吉原をつぶしちまったのは全く反対だね。何であんな結構なものをこの世から失くすのかねえ。こればっかりは大いに反対だよ。吉原、深川、根津、品川、新宿と、妓楼はいく場所もあったが、何といっても吉原だね。服部誠一という人の『東京新繁昌記』に『……今を距《さ》る二百余年、その間の繁昌凡そ幾干《いくばく》ぞ、楼閣幾層、娼妓三千、三月は花を栽《う》ゑて桜花笑ひ、海棠《かいどう》媚《こ》び、以て解語の花と婀娜《あだ》を競ふ。七月は燈を放つて、翠鸞舞ひ、紅鳳歌ひ、以て嫦娥《じょうが》の影と嬋妍《せんけん》を闘はす。笙歌の海、酒肉の山、熱閙《ねっとう》雑沓、また芸妓の粋を勧むるあり、また幇間《ほうかん》の興を助くるあり、一たび此廓に入れば、即ち魂飛び肉消し、真に人間世界の一仙境なり』とありますが、大げさだけれど、全くその通りだ。夕方になるとわれわれ若い者は、金はなくても吉原の大門をくぐって、何となく、ひやかして歩かないと気持が落ちつかないなんてことになるんです。よう、お前もか、ああ悦ちゃんかなんて、たいてい顔見しりの、四、五人にはあっちまいます。いやあ、われわれ芸人は、廓《なか》じゃ嫌いますよ。芸人には女郎が惚れ易いので警戒されるんです。惚れちまったら身上《みあが》りして、商売に不熱心になりますからね。あたしたちの方じゃ、いかに自分の金を使わず、女郎に金を出させて遊ぶかが自慢になるというようなわけでして。

　明治になってから、たちまち吉原は四層、五層の高楼を築く家が多くなり、西洋風もとりいれたりして、見ただけでもう、心がわくわくときめくような仕組みにしてありましたよ。吉原の伊勢六が先ず五階に造り、次で、金瓶大黒、佐野槌をはじめ、次々に高楼にしましたね。

　写真見世のはじまりは明治も三十六年の、角町全盛楼の考案で、娼妓の小照を額面に仕立てて店頭に揚げたのがはじまりで、三十七年上半期にはほとんど全店に女郎の写真をかざるようになりました。

　何が面白いっていわれると困るけれど、まあ、女郎がその晩は一夜妻になって、至れり尽せりにサービスしてくれるんだから悪《わり》い気持のする筈がない。はじめての女の顔というのは忘れないとよくいいますがね。あたしなんか、遊ぶといえば女郎ばっかし買ってたんで、もう忘れちまいましたね。何でも、色の白いおとなしい静かな女だったような気もするが、大体がそういうおとなしい女が、あたしの好みなんで、そういうふうに思っているのかもしれません。あんまり覚えてねえのをみると、恥かしくって酔っちまって、うやむやに筆おろしされたんでしょうねえ。ただ、その夜明け、冬のことで、女におこされて窓からみると、真白に雪がつもっていて、目がさめるように天地がまぶしかったのを妙にはっきり覚えています。女の長襦袢の真赤な色が、雪をみた目にしみるようだったのが、その朝の感激でしょうか。

女が咳をして、ああ寒いといって、またあたしのふとんの中にもぐりこんで来て、まあその朝のことが、本当の意味の筆おろしでしたかな。大たい、ああいうところに身を沈めている女は、無知なままで素直で、気のいい女が多いもんです。悪いやつはたいてい抱え主とかやり手婆で、女はもともと薄倖な境涯から来ていますから情にもろいし、やさしいですよ。あなたを前にしてこういっちゃ何だが、紫式部も『女はやはらかきがよき』といってるそうじゃありませんか。いいことばだねえ。結局、世の中の男たちが、教育のあるりっぱな、きりょうもいい女房もちながら、あきもこりもせず、女郎買いにきたがるなんて心の中は、この『やはらかな女』に触れたくていくんじゃないですかね。ああ、ああ、そうですとも、女というものは、きりょうなんぞより、了見のよしあしですよ。了見のいい、やさしい女は、たしかに変なおたふく面でも、次第次第天女のようにみえて来るから不思議だよ。

それにこの、女の色濃いというのも、どうですかね。あたしあ、まあ、何度もいうように、どっちかてえと、女よりバクチの方が好きだったけれど、金に不自由しないし、まあ女好きのする容姿てんで、筆おろし以後は、あとからあとから、女の絶えたためしはない。中にも、稀代の色濃い女にも出逢ったけれど、どうもこれはねえ。下世話にもいうじゃありませんか、一盗二婢三妾四妻ってね。まあ、一とおり、一から四まで味わわせていただいたけれども、なるほど、誰がつくったことばかしらないけれど、よく出来たことばだね。色の本質をついておりますよ。

女房ですか、ああこれは正式に籍をいれた女房としてはふたりめです。その籍も、つい五、六年ばかり前にようやく入れたというわけで。

最初の女房は素人でした。素人の娘とそうなったのは、この女房がはじめてで、最後でしたよ。堅気の女に手をつけると後がうるさいからって、われわれ芸人の間じゃ色の戒めになっています。

はつの女房は、浅草の席、金車の席主の、安さんという大親分の娘のおみつさんという娘でした。そう、顔がいいというのではないけれど、ぽちゃぽちゃとした、いかにも瑞々《みずみず》しい愛嬌のある娘なんです。

赤の大名縞の着物に、麻の葉絞りのあかね染と黒編子《じゅす》の昼夜帯なんかを締めて、友禅の前掛をして、席の中入りに茶を配るのを手伝ったりするところが、何ともいえず可愛らしい。桃割れが似合うし、笑うと糸切歯がこぼれるのが、色っぽいんです。

ふだんは、やれお花だ、裁縫だと、稽古事におわれているおみっちゃんが、あたしの出る日だけは必ず茶店を手伝いに来ている。外にもおみっちゃんに気のある前座が何人もいて、どうせ高嶺の花だとあきらめているだけに岡焼も強い。どうやら、おみっちゃんは悦ちゃんに気があるようだという噂がぱっとたっちまった。今も昔も、色の道は同じことで、噂がたつってことは、何か匂いのすることで、これは、本人同士よりまわりの者の方がピンときやすい。まだ当人たちは、もやもやの状態のところへ、噂が先まわりして、あとでその噂通りの筋書に事実が運ぶというのがよくある例だ。結局あたしたちの場合もその通りになってしまった。もちろんそれまでに、もう何人も女郎の肌は知っています。

それでも堅気の娘だってんでこっちはこちこちになってしまった。おやじに口を利いてもらって、夫婦《めおと》になったまでは、よかったが、つづかなかった。

まあ、平たくいえば、ありふれた姑と嫁のうまが合わないっていうことで、あたしにはあんなにやさしいおふくろが、おみつのすることの一つ一つが気に入らないで当りちらす。おみつの方も、浅草の金車という大親分に溺愛されて育った娘だから、辛抱ということをしたことがない。とうとう、子供の産れそうな気もみないで里へ逃げかえってしまった。

　あたしもおふくろにそむいて女房をおっかけるほど、今でいう情熱というものがなかったんだね。われわれの間のことばに、

『あの女は柚子《ゆず》だ』

というのがある。匂いはいいけど味は不味《まず》いというしゃれで、きりょうのわりに、寝てみてがっかりする女というわけです。おみつは決して柚子じゃなかったけれども、もうすでに、さんざん女道楽してしまったあたしには、何とも青柿の味というやつがわからない。今となっちゃ、こう年をとると、その渋さがまた魅力になるということもあるんだが、何しろ、こっちも血気さかんな若い男だ。おみつの方は、寄席の娘のくせに、親が大事にして深窓育ちにしてあるので、今にしてつらつら思えば、まだ本当の色気が出ていなかったんですね。

　そっと、廊下で袖をひっぱるから、何だといったら、口の中に飴玉をふくんでいて、自分の舌であったまり、表面のつるつるとけたそいつを、口うつしにあたしの口の中に入れ

てくる。互いの舌の上でその飴玉のやりとりをして、くくっ、くくっと嬉しがっている。そんなことをされて、こっちは、かっと血が上っちまって、身八《みや》つ口《くち》にいきなり手をつっこみでもすると、真顔でむきになって、

『いやらしい。助平っ』

とくるんです。本気で怒ってんですよ。要するにむこうは、子供の遊びみたいな、飴玉の口うつしごっこは、ただそれだけの面白さしかもたなかったわけなんです。

女房とおふくろの間にたって、さばいてやるほどのしっかりした才覚もなく、こじれてきたなと思うとこっちは逃げだして吉原へいくんだから、女房としちゃ全く頼りにならない亭主野郎だ。それでも、おみつの親が、金車の席主ということで、おやじも心配しましたが、さすが大親分といわれる人だけあって、

『なあに、合せものは離れものだ、ふたありは縁がなかったんだね』

と、あっさりおみつを引きとってくれたんです。ええ、その後おみつは、判コやへ嫁にいって、子供の五人も産んで幸せになりましたよ。子種はどうやら、すでにあたしの方になくなってたらしいんですなあ。その後どの女との間にも、子供は出来なかったのです。

女房はそれっきりでこりましたが、女はずっとおりました。好きな女のタイプはと問われると、やはり顔より了見の問題になってきます。さわがしい女よりおとなしい女の方が

すきですなあ。おふくろが、たまたまきりょう好しだったもんで、おふくろ以上に顔のいい女ってのには、めったに出くわさないというのも、不幸せなもんですよ。何しろ、大正の終りから昭和のはじめにかけては、まだ十円あると芸者が買えましたからね。三十円もあれば大威張りで散財出来たものだ。

一番惚れた女は誰だってきかれると、まったくこまってしまうね。女というのは十人十色、同じようで決して同じじゃない。それぞれにどっかいいところを持ってるものです。顔も悪い、声も悪い、姿もいけないというような女の指が、とてつもなくすんなりとのびて、はっとさせられるような美しさだったなんていうことがありますよ。

一番忘れられないのは、花琴という花魁《おいらん》でしょうかね。吉原で名を売った女で、これは顔もいいが、めっぽう床《とこ》がいい。この床がいい女というのは、まことに不思議なものでして、子供の運動会じゃあるまいし、ただ汗みずくになって獅子奮迅、大騒ぎするばかりが能じゃない。本当に床のいい女というのは、男の好き好きにもよるでしょうが、あたしゃやっぱり、どこか床《ゆか》しさの残ったのがいいね。軀を売るのは女郎の商売だから、ついどんな女も、何年か廓にいるうちには、床に入るのに馴れちまう。

ところが、いつまでたったって、床入りの度毎に、少しばかり恥かしさの残った風情をみせる女があるものです。こういう女にかぎって、本当に床がいい。どんな男だって、男には見栄というものがあるから、あんまり女の方が積極的になってくるとうんざりするものです。

本当によくなってきたのを、必死にあらわにすまいと堪えに堪えている時の女の悶えは、男にとっちゃあ、いじらしさの極みですね。

女の中には、自分のものがとてつもなく性能がいいと信じこんでいるのがよくいるものだけれど、そんなことを自慢らしくいう女にかぎって、大したものも持っていないのは全く皮肉な話ですよ。大体がおかしいじゃありませんか、ねえ、女のものがいいっていうのは、女自身にわかる筈のものじゃねえ。つまりは使ってみた男の使い心地を教えてもらってはじめてわかることだ。男は無責任だから、酔っぱらっていたり、遊びの金を安くあげようなんて下心のある時は、無意識のうちに女の嬉しがるようなことを並べたてるものですよ。それを真にうけて、せめて自分ひとりの胸で嬉しがってりゃいいものを、つい外の男にもためしてみたくなって、その男がだまっているてえと、しきりにそれを云わせようとする。まあ、あたしの経験の範囲じゃ、そういうことを自分でいったり信じたりしている女にいいのがあったためしはありゃあしません。

話がそれちまったが、さて、その花琴に、珍しくあたしは惚れて惚れられて、真夏のぼたもちがござったみたいに、べったりになってしまった。はあ、そりゃあいい女でしたね。

色の白い、はえぎわの何ともいえない色っぽい女で、目は細かったが、眠たそうな腫れっぽい瞼が艶で、受け口の口もとが、また男心をそそるように出来ていました。手足がきゃしゃで、腰まわりがあたしの両掌の中に入ってしまうほど細いんです。今のことばでいうウエストがくびれているというのですかね。それでいて、腰がばかに張りきって、脚の太腿が異常なほど発達している、膝から下は先すぼまりにすんなり細くなっています。この軀で、女が我を忘れると、瞬間、あたしはいつでもそのまま殺されてしまうかと思いました。

あたしもこの花琴にばかりは操をたてて通いつめた。大体、あたしは何度もいうようにどうも博打《ばくち》のサイコロほどに女は可愛くないたちなんです。そのあたしが、この時ばかりは、女に逢いたいためにその銭をつくりに賭場へ通いつづけた。

女は、女で、素直でよく勤めるので、借金も思ったより早く片づき、年季がきれいにあけました。

その頃あたしは道楽がすぎて親の家に居づらくなり、駒形《こまかた》の琴の材料を商っている店の二階に間借りしていました。ある日、階下から店の小僧が二階へすっとんで来て、天女みたいな女が悦ちゃんを訪ねてきたよと注進します。ここまで訪ねてくる女といやあ、花琴しかないので、すぐ飛んで降り、かけ迎えたいのをぐっとがまんし、

『通してやんな』

と、顎でしゃくって、威厳のあるところを小僧にみせておく。やがて階段を上って来た女を見て愕きました。いつでも吉原で、長襦袢姿の花琴しか見ていない目に、今日の花琴は別人としか見えない。根上りの丸髷に、五分玉珊瑚に金脚の釵《かんざし》をさし、翡翠《ひすい》の根がけの粒も揃っている。鶯色の江戸小紋の着物に、黒紋付の羽織をかけ、どこの山の手の若奥様かと思うような上品な身のこなしでした。

どういうわけか、ここ一週間近くバクチの目がさっぱりついていなくて、その時あたしは、着物から時計、長襦袢まで賭場でとりあげられてしまい、例によって賭場の貸衣裳を着て帰っているという始末です。金目になるものは、すでに賭場へいく軍資金に何もかも化けてしまっています。かけぶとんはいうもおろか、座ぶとんまで質屋へ、ぶちこんであります。仕方がないので部屋の真中に、それ一枚は残しておいた敷ぶとんを二つに折って柏にし、その上に毛ずねの大あぐらをかいて虚勢を張り、すぱっすぱっと煙管を使っていました。花琴の後から、吉原の新造もつきそってきています。

『おう、よく来たね、まあ坐んな』

といったものの、こういうことばといっしょにさしだす筈の座ぶとんが一枚もない。女たちは、呆れたような顔を見合せ、つくづくきれいさっぱり何もない部屋を見廻しています。

女はおかげで今度年季があけ、ようやく晴れて自由の身になったから、先ず誰よりも先にお前のところへ挨拶に来たと、嬉しいことをいってくれます。階下から好奇心半分でさし入れてくれた番茶をのむと、花琴はすぐ、とにかくこれから自分の新しい家へ遊びに来てくれといいます。喜んで支度して、花琴にくっついて向島の女の住いへ出かけました。

黒板塀に見越の松、まるで妾宅のような小粋な構えの女の家につくと、畳も襖も新しいところへ、入れたばっかりの家具がまたみんな新品。何もかも目のさめるような爽やかさです。桑の長火鉢の灰の中に埋めた火をかきおこすと、すぐ南部鉄瓶の中に松風の音が聞える。入れてくれる煎茶もあたしの下宿のとは雲泥の差。花琴がそこでつくづくいうことには、

『あたしゃ、貧乏人の家に生れ、小さい時から苦界に売られて、さんざん苦労して来ました。今度晴れて人並になれたので、かねて惚れぬいているお前さんに、一日も早く女房にしてもらいたくて、実はその相談に今日出かけました。でも、行ってお前さんの生活を見てあたしゃほんとに愕いちまった。どんな貧乏な長屋住いの家にだって、客に出す座ぶとんの一枚くらいはあるものですよ。あたしゃこれから先、どんな意味でもまた苦労はしたくないから、あんまり好きじゃないけれど、あのブリキ屋の親方にもらってもらいます。これは、ほんの少しだけれど、この金で一日も早く座ぶとんを受け出して、これまでのあ

たしとの縁はなかったものとあきらめておくれ』

懐紙につつんでさしだされた金は五円です。

まあ、世間にはいろんな女道楽をした人も多いだろうけれど、女郎から手切れの金をもらったって男はそうざらに、いないんじゃないですかねえ。そんなことがあったから、見事に振られながら、花琴のことは印象に残っています。

いえ、あたしゃ、何となく道楽者の女蕩《たら》しのように見られがちなんですがとんでもない。いつでも最後は女に態よく逃げられていますよ。まあ、あたしの女道楽でましなところは、女に泣きを見せてないということでしょうか。別れるにしても、女の方から愛想《あいそ》づかしをいわれるようにし、こっちはいつでも受身です。

たったひとり、これは身ぐるみ裸にしちまった女がひとりあって、そのため、今でも忘れられないのがいます。大体、あたしは江戸っ子の特質で、外は威勢がよくみえて、内心臆病で、気が小さい。人を傷《いた》めるのが何よりおそろしいんです。しかし生涯に三人だけ、徹底して迷惑をかけ通した人間があります。先ずおやじの伯山、次が三代目伯山、次がその女お米《よね》、芸者の名は米吉といいました。それ以外はあたしは他人を傷めてはいない。ま、おやじ、こいつは迷惑をかけられても仕様がないでしょう。手前《てめえ》が産んだ子なんですからね。三代目伯山も、かけられていい義理合いだからまあ、あきらめてもらうしかない。というのは、三代目伯山は、京橋の五郎兵衛町の花屋の倅で、岸田福松といいましたが、やっぱりおやじの代からの講釈好きで、近所に住んでいた関係から、十二の年にあたしのおやじに弟子入りしました。この人は生れつきの才なんてものはちっともなく、若いうちは読み口は下手でなっちゃいなかった。外の弟子もてんで馬鹿にしていました。ところがうちのおやじだけは、

『あいつは講釈は下手だけれども了見がいい。今に大物になる』

と、早くから目をかけていました。仲間の田辺北鶴がある時バクチですっちまって帯までとられているのに逢った時、自分のしめていた白縮緬《ちりめん》のごりごりする帯をといて、縦半分にひきさいて、

『みっともねえ、これでもしめて行きな』

とやったもんです。それをうちのおやじが聞いて、大そう感心して、

『あいつは大物だ。今に見ていてごらん。たいていの人間は、二本ある帯の一本を人にくれてやるまでのこたあ出来るが、一本しかない帯を二つに割いて、半分をやるという芸当は出来るもんじゃない』

といって、ほめていました。まあ、そんな人だったから、修業のしかたも尋常一様ではなく、おやじの名にいすくんでそれを放蕩でごまかしているようなあたしとは精進の跡がち

がいます。小伯山という芸名で出ておりましたが、おやじは小伯山が二十七歳の時、すっぱり伯山の名を譲ってやりました。あたしゃ自分が怠け者で、伯山がつげなかったんで文句はないんですが、三代目伯山にしちゃ、あたしに何となくすまない気持がつきまとう。こっちはそれにつけこんで、おやじに持ちこめないような道楽の尻をみんな伯山に持っていっちまう。伯山はなかなかの洒落者で、いつでも結城《ゆうき》紬《つむぎ》拵《こしら》えのたいそう渋い金目のかかったなりをしていた。それをあたしが、バクチで裸になる度借り着して来て、そのまま質にぶちこんじゃ、それを元手にまた賭場へ行くというようなことばかりしていました。一番ひどい時なんか、伯山が旅を稼いでる留守をあずかっていて、北陸の席から契約金を持って来たのを受けとり、そのまますっかりバクチですっちまった。その時ばかりは、伯山もすっかり怒りましたねえ。

『外のことは何をしたっていいけれど、お前さんも芸人の一人だ。芸人の契約の金に手をつけるようなことをしちゃあいけない』

と、油をしぼられました。よくあたしゃ人から、伯山におやじの名をとられちまって口惜しかったろう、情けなかったろうって訊かれるんですが、負け惜しみじゃなくて、若い時はあんまり、芸に欲がなかったから、大して気にかからなかったもんです。人の修業をみていますから、じぶん程度の空板《からいた》の叩き方で、一人前になれるとは思っちゃおりません。

むしろ、よくこれで、八十年もおまんまがいただけたものだと思いますよ。それでも伯山にだけはどんな迷惑をかけてもいいと考えているところの心の底には、おれの貰うべきものを貰いやがったという気持が、ひそんでいるんでしょうかねえ。心の底の底のことはいくつになってもじぶんでもわからない、見えない暗がりが残されているようです。

　話は女のことでしたね。さて、もう一人の被害者の米吉という女、これは、新橋の芸者で、色の浅黒い小股のきりりと切れ上った生っ粋の江戸前芸者でした。気っぷがよくて酒が強くて、座敷が明るいってんで、たいそうな売れっ妓でした。新橋から芝界隈《かいわい》どこを歩いたって、あ、米吉姐さんと、向うから声をかけ、挨拶したがるのが一町に二、三人もいるというぐあいです。旦那もいたが、情人《いろ》は役者の宗十郎で、これはずいぶんと派手な浮名を流していました。そこへ、ひょっとした縁であたしが割りこんでしまって、そのうち米吉の方からかっととりのぼせてきちまった。あたしに逢ったのが米吉の運のつきです。

　すったもんだの末、米吉は旦那とも宗十郎とも手を切ってしまい、あたしと所帯を持ってしまいました。芝に二人の名をとって『米松』って待合を出して新婚気どりでおさまりました。よく売れていたのと、それまでの旦那運がよかったので、その時米吉は相当の財産をつくっていて、そんな商売をはじめる資金も充分あった上、まだ貯えは残っていました。邪魔があったり、恋敵があったりするうちは、色恋ははりあいがあって、のぼせ上るものですが、色恋の本当の面白さは、しのぶ恋路にこそあるものでして、天下晴れて、大っぴらに肩を並べて表通りを歩けるようになると、味がなくなってしまいます。米吉は着やせのする女で、すらりと上背のあるいい女でしたが、裸になると堅太りの、しこしこした肉に、こってりと脂がまわり、こっちの指の腹が吸いつくような肌をしていました。床がいいというよりも、とにかく情の濃い女でして、今のことばでいえば精力が強いというのでしょうか、疲れをしらない軀からは、夜通しくりかえしていても、最後まで汲めども汲めども泉のようにわき上る清水がつきないという稀有な軀をしていました。昼間の言行が、あっさりして、むしろ俠客肌なのに、どこにそんな女のいのちそのもののようなあふれる泉をかくしもっているのか、まったく女という魔物の正体は、この年になってもちっともつかめちゃあいませんよ。

　あたしの方は、次第に米吉の情の濃さにいのちを吸いとられるような気持がしてきて、米吉の顔をさけるようになる。自然、足がまた賭場にむいてしまうという寸法です。まことにこのバクチの魅力の不思議というのは、いうにいわれないものです。いつかのあたしの大晦日の運のように、負けても勝つことがあるからこたえられない。色ではなりまで崩さないが、バクチはなりまで崩しちまうのもそこにあるのでしょうなあ。

　結局、賭場への資金に米吉の金を持ち出し持ち出し、とうとう、『米松』の店まですってしまいました。米吉が、一々、あたしの手なぐさみに厭味のひとつもいえばいいのですが、それもいわない女なので、とうとうブレーキがきかなくなっちまったのです。可哀そうに、米吉は、その貧乏のどん底で、コレラにかかってあっけなく死んでしまいました。隔離されていたので死目にもあえなかったのです。死ぬまであたしの名を呼んでいたと聞かされて、さすがにあたしもがっくりこたえて寝こんでしまいました。人が、死んだ者のことを思いだして涙を流しているのをみると、何て情けない奴だろうなんて思っていましたが、米吉の死んだあとばかりは、半年くらい、毎朝目がさめると、枕が濡れておりましてねえ、じぶんじゃ気がつかないで、夢の中で泣いているらしいんです。そんな悲しみを忘れるのに、また、いつのまにか賭場へ行くしかないというのですから、因果なものです。人間とはよくよく業《ごう》に生れついておりますよ。米吉の年ですか、あたしより一つ姉でした。あの時の息の匂いの何ともいい女でした」

五

「お暑いですねえ。こう暑くっちゃもう生きているのが面倒くさくなりますよ。かといって、決してまだ死にたかないんですからね。いやになってしまいます。生きていて何の愉しみもない。それでいて死にたくもない。この世に何がみれんなのか、考えてみると一向にわからない。あたしのおやじは、辞世をのこしておりましてね。もちろん、生きてるうちに苦心して作っておいたやつでしょう。

今までに嘘をつきつき五十年
今日ぞまことの死出の旅立

っていうつまらないやつですよ。大体もう死ぬというまぎわに、そんなことをいいのこしたくなるっていうのが、まだこの世にたっぷりいろ気のある証拠でして、どんな偉い人の秀逸な辞世でも、おやじのようなへなちょこな辞世でも、その心のさもしさは同じものだという気がいたしますねえ。人間死ぬときは、だまってあっさりおさらばするにかぎりますねえ。かといって、この年になりますと、毎晩眠る時、ああこれでもしかしたら明日の朝はもう目があいていないかもしれないと思う気持ち、いつまでたっても馴れることのない、いやあな、わびしい気持ですよ。

そうそう、加島さんから、見事な魚拓と小魚の干物をたくさん送ってもらいましてねえ。はあ、あなたのところへも来ましたか。あれが大そう御自慢なんだな。でも信じられないような大きな魚ですなあ。あんなのを毎日釣ってちゃあ、命ものびるしひろがるでしょうなあ。人間、変れば変るものです。あの粋な加島さんが、島暮しで、魚釣りが好きになっている。長生きすれば、さまざまな人の運命もみるものですなあ。

バクチをいつからやめられたかということですか。バクチも女も、実は骨身に沁みてこりる目にあったんです。

恋女房を殺してもあきらめられなかったバクチに、その後も性こりもなくとりつかれているうち、魔がさしたというのか、ふっと、吉原土手の下にあるけちな賭場へ足をふみいれたのです。大体上賭場ってものはちゃんと、その筋と話の道がついていて、日頃金をつかって、ふみこまれる事前には、内緒で情報が入る仕組みになってるものです。するてえと、賭場では、なじみの客たちにわけを話してその日は休んでもらう。ただし、空賭場にはしておけないので、やくざの三下たちが、四、五人、わざとサイコロをいじっているんです。そこへ約束通りふみこんでくる。待っていた三下が数珠《じゅず》つなぎにつれていかれる。翌日親分が出すものを出してこっそりもらい下げるという手筈です。ところが、チャチな賭場は、その連絡がついていない。

その日、あたしの入った賭場は三流どころだったんで、ふだんは一度ものぞいたことがなかった。どういう魔がさしたか、そこへふらりと入ったばっかりに、警察にふみこまれてしまったんです。まだ勝手もわかっちゃいない賭場なんで、逃げ道も知らない。まごまごするうちに手に縄がまきついてしまった。逃げそこなった連中が数珠つなぎで、吉原土手を連行されるというはめになりました。いくら何でも昼日中あんまりサマにならないか

ら頬《ほっ》かむりを許してくれと刑事に頼みましたよ。するてえと、いやな刑事が、
『手めえ、それでも恥かしいってことを知ってるのか。よし、そんなら頬かむりを許してやるかわり、景品つきだ』
ってんで、はだしで逃げた客たちののこした履物を、捕縄に数珠につないで、それをあたしに肩からかついで土手をひきずって歩けというんです。全くひどい野郎だ。それでも素顔で、なじみの女たちの見ている吉原土手を歩かせられるよりましだと思って、いわれたようにやりましたよ。その時の間の悪さ、恥かしさが、骨身にこたえて、ふっつり、憑物がおちたようにバクチが厭になってしまったんです。

米吉の霊が、あの世からそうでもしてこらしめてくれたのかもしれませんや。

色の方は、また、今思いだしてもぞうっとする物を見てしまいましてね。バクチをやめると、自然、色の方が専らになる。その頃は米吉を失った淋しさにやけも手つだって、一番荒れておりました。吉原で軒毎に箒《ほうき》して、女郎たちに毛嫌いされたのもその頃です。

名前は、はばかるが、同じ講釈師なかまの女房と、出来てしまったのもその頃です。一盗もいいところで、友だちの、しかも向うじゃこっちを信用しきっている人のいい友だちの女房を盗むなんて、色の道でも一とうたちの悪いやつです。

けど、不思議ですなあ、長い間見て来ますと、女房を盗まれるような亭主にかぎって、

全く、仏のようにいい男が多いのはどうしたわけですかねえ。女房に間男される男の共通点ってものは、人間がいいということですよ。その女は、まあかりにおえんとでもしておきますが、これは、あたしのつきあったかぎりじゃ、稀代の悪女でしてね。毒婦っていうのでもないのです。見た目には虫も殺さぬような優しいおとなしい顔つきや姿をしています。人にあっても、ろくろく目をまともにみつめられないような初心《うぶ》らしい風情が残っている。

あんまりおしゃべりじゃなく、でしゃばりでもない。なりも、地味で、むしろ目立たないくらいだ。家でもよく働いて、近所でもほめられ者、あんないい女は、あんな気の利かない男にもったいないやなんて、つい岡焼もしたくなるようないい女房です。

色は白く、小柄で、耳のかたちが何ともいえずしまって愛らしい。白目が青白く、瞳がいつでも涙をふくんだように濡れています。唇は、ぽってりして、いつもちょっと前歯がちらりとするほどゆるんでいる。それが妙に男心をそそるのです。おえんの亭主は先にもいったように人を疑うというようなところのない滅法気のいい男だから、楽屋なんかでみんながからかうんです。女房をほめられると、相好を崩しちまう亭主に、悪い奴らが、おえんの閨《ねや》の様などあれこれかまをかける。亭主は、嬉しがっちゃって、つい自慢らしくことこまかにおえんの閨房の癖までしゃべってしまう。そんなわけで、何となくあたしなんか、おえんを見ると、まるでもう、着物の上からおえんの裸がみえるような奇妙な錯覚におちいってしまうのです。それでもまさか、おえんを口説いてみようなんて不逞《ふてい》な了見はいちどだって持っちゃあいませんでした。

　ある日、そうだ。あれも今日みたいに、めっぽう暑い日でしたよ。ちょっと用事があって、向島の百花園のちかくを歩いていると、向うから青い日傘をさした女がすたすたやってくる。黒っぽい明石の着物に白博多の帯が、日盛りの中で、いっそ涼しそうで、おお、いい女だなあと、つい傘の中をのぞくと、おえんじゃありませんか。おえんも、びっくりしたように、立ち止まった。つい、どこへとか何とか声をかけるはめになると、いつもは、口もろくろく利かないで目を伏せているようなおえんが、いつもの涙ぐんだような濡れた目でちらっちらっと、こっちの目をすくいあげるのです。おや、と思った時には、もう心が通じていました。ためしに、

『暑いねえ、これじゃたまらねえ。どっか涼しいところで、一休みしたいねえ』

ともちかけると、日傘をくるりと両手で廻して、

『そうねえ、氷水でものまないからにはもう歩けないみたい』

と、くるんです。あとはもう、何かたべようという話で、近くの待合へすっとふたりで入ってしまった。

その時待合の玄関に立ったおえんの悪びれない態度に、あたしゃ、はっとしてしまいました。案の定、床に入ると、おえんの軀は、白蛇の精でも乗り移ったようです。しぼるような汗に濡れて、おえんの情火は鎮まることがありません。あたしは、米吉のしつこさを思いだしましたが、おえんは米吉ともちがいます。米吉は、じぶんの濃情をじぶんでは気づいていないようなあっさりしたところが性格にあって、それが床の中でも反映して、軀は、いくらでも需《もと》めに応じられはしても、それほど色情は強いというのでもありませなんだ。ところがおえんは、心からして、好色なのです。男はよく自分の女房や色女のことを宝持ちのように自慢しますが、あたしは、それまでずいぶんと女の数はふんでいながら、話に聞くようなそんな宝貝には一度もお目にかかったことがないので、そんな女はいるものじゃないと思っていました。

　ところがおえんはまさにその女でした。楽屋で自慢するおえんの亭主の話は、みんな正真正銘の実話だったわけでした。その上、おえんはじぶんの武器の性能の好さも効力も、本能的に知っていて、それを、また、惜しみなく使用する技術にもたけていました。

　あたしは思わず、おえんの前身をきいてみました。あきれたことに、千葉の百姓の娘で、女中奉公に出て、転々としたあげく、牛肉屋の女中になった時、今の亭主に見そめられたというのです。

おえんはその日の帰り、鏡の中で帯を結び終えると、そのまま、鏡の中からこっちをみつめ、

『今度、いつ』

と静かな声で聞きました。まるで、今夜のおかずは何、豆腐、とでも聞くような、さりげなさでした。

それ以来、おえんの魔力にひきずられて、あたしは、何度おえんと密会したかしれやしません。

おえんにもおよそ、罪の意識というものがないようでした。

時々、相変らずどこかの席の楽屋でおえんの亭主に出くわします。向うは一向に感づいていないで、これまで通り親しんできます。相変らずみんなにからかわれて、昨夜のおえんの話をさせられている。ところが、それを聞くあたしの方じゃ、どうも。何しろ亭主が、昨夜おえんとそうしたという日の夕方まで、あたしとおえんは向島の待合で、根かぎり精かぎりの努力を果しているのですから、おえんの亭主の話を聞くあたしの方じゃ、何とも顔の皮がつっぱってくるような気持です。

怖ろしい女だ。あれこそ悪女だ、と、じぶんにいいきかせても、またおえんからの呼び出しが来ると、やはりついふらふらと出かけずにはおれません。ええ、もうその頃は、お

えんの方から、あらゆる機会をみつけて、しつこい呼び出しがかかっておりました。

　その年も師走に入ったある日のことです。あたしは、浅草の雷門のあたりを通りかかりますと、何だか黒山のような人が行列して、ぞろぞろ歩いているじゃありませんか。何ごとだろうと野次馬になってじぶんも人垣の中からのぞいて見て、驚いたの何のってあんなにたまげたこたあ、長い生涯にもありませんよ。

　一人の男が、一対の男女を後手にしばりあげて、その綱をあわせて後ろから自分が持ち、二人をひっ立てて歩かせているのです。ところが、その二人の男女が、裸も裸、一糸まとわぬすっ裸なんですよ。季節が冬だなんてことにかかわりなく、浅草の雷門の前の大通りを、すっ裸で、まっ昼間歩かせられるということは尋常一様のことじゃありません。

　野次馬がたかるのももっともです。綱を持った男は貧相な青黒い顔をした男で、そんな思いきったことの出来るような男とも見えないんです。裸にひきむかれている男女は、一応いい顔立の二人でしたが、人間もそんな姿になっちまうと、いい男も、いい女もあったもんじゃありません。女はいく分がに股で、いやに草むらの濃いのが目立ちます。子を産んだ乳をしていましたよ。男は、背も高い、色の浅黒いきりっとした軀にこれも体中の毛が濃いのが目立ちました。とにかくもうふたりとも紙みたいに青ざめちまって、無表情になって、うつむいて、追いたてられていくのです。涙もかわいてしまって、出ないというようでした。涙が出るなんて気分は、まだゆとりがあるんでしょうなあ。

とうとう、誰かにつれてこられて、お巡りがそこへ飛びだして来ました。この世にも珍しい行列がようやく止まりました。お巡りがこれはこまるというのに対して、着物の男は、

『こいつらは姦通したんだ。この女はおれの女房で、男はその間男だ。現場をみつけたんだから、まちがいのない話だ。不義した女房を実の亭主のおれが好きなようにこらしめて何が悪い。おれは、ぶったり、はたいたりしてるんじゃねえ。ただ歩かせているだけじゃないか』

と、こう、文句をいっているんです。お巡りも二の句がつげなくてうろうろしている。すると、それまで歩いていたから保《も》っていたんでしょうなあ、突然、裸の女が、その場に卒倒してしまったんです。すると、たった今までお巡りと口論していた亭主が、ひいっというような悲鳴をあげて、女にとびつき抱きおこしました。夢中で寒さと恥でこごえきった女の軀をゆさぶりゆさぶり、女の名を呼んでいます。

あたしはもうそれ以上、見ていられなくなって、逃げだしてしまいました。それ以来、どんなにおえんから、呼びだしや誘いや、しまいにはおどしが来ても、一度も応じなかったのは、よくよく、その日の不思議な光景が、骨身にこたえておそろしかったのだと思いますね。

今の女房ですか、まあ、あれは、あきらめてくっついてくれているんでしょうなあ。三十年もいっしょに暮したら、もう空気みたいなので、なくちゃあ呼吸がとまっちまうような気がしてくるから不思議です。

色恋で一番難しいところは、やっぱり別れぎわでしょうなあ。あたしは女をふるより、最後は女にふられた方が多いから、女の男への愛想づかしのやり方も、いろいろ見てきました。

これはさまざまな手があるけれど、まず相手に恨まれない上手なわかれ方というのは難しい。

あたしが、のぼせた女のひとりに吉原の小店の金蓬萊の小紫って女郎がいた。これは千住の畳屋の娘で、何でも家が貧しくて売られたんだが、馴染んでまもなく、大阪楼に住み替えて、松風という名でお職をはった。そこもまるなく住み替えて、品川の遊廓に移っていきました。珍しく、のぼせていたあたしは女をどこまでも後追いして、品川まで通いつめました。ところがまた、まもなく品川から横浜へ住み替える。何でも家のためにそうやって、次々身を売っていかなければならない可哀そうな境遇なんです。惚れた弱味で、今度は横浜まで通わなければならない。そこで、横浜に森下亭という席があったので、そこへ出してもらうことにしてまで通ったもんです。

横浜じゃ、第一三日月楼の万竜という花魁になっている。

この女が、どこに住み替えても不思議にその土地で人気が出るんです。あたしは、いくら相手が全盛をほこる花魁でも、もとを知っているので縁が深いと思っている。女はもちろん、いついっても厭なそぶりをみせないんです。ところが、相手は内心じゃ、じぶんの昔の惨めな時を見られている客というのは、なつかしいより鬱陶しいものなんだ。それに気がつかないところがあたしの出来たての石ごろもっていわれる所以です。ここまで追っかけてきてやる実のある客はざらにはいめえくらいの、いい気なもんで、女のところに上っていたんです。忘れもしません。あれはお酉様の晩でした。女のところから、いざ帰ろうとすると、いつのまにか外は雨になっていた。入口まで送ってきた女に、

『あ、いけねえ、雨が降ってやがる、傘かしてくんな』

といったものです。女は、気前よく、

『あいよ』

と答えて、新造に耳うちして、傘を持ってこさせた。あたしは何気なく、それを表へ出てぱっと開いて、うむと、うなってしまいました。開いた傘一面に、第一三日月楼と、でかでか文字が入っているじゃありませんか。それは、女のものじゃなく、店の備えつけの傘なんです。

あたしゃ、その時、はじめて女の心が、はっと悟《さと》れたんですよ。

女の部屋には、羽二重張りの紫や青の蛇の目が、いつでも二、三本かかっているのを知っています。それは花魁の私用の品で、旦那や情人に貸してやる傘にきまっています。あたしが、万竜に、傘を借してくれといったのは、もちろん、そういう傘のつもりでした。ところが万竜は、わざわざ、新造に耳うちして、店の傘をかしてよこした。

『あたしの気持は、この程度なんだよ。いつまで自惚れていい気になっているんだい。今のあたしは、昔の小紫じゃないんだよ』

といいたいところを、傘一本にあらわしてよこしたんです。あたしゃ、それっきり、その女の許へは行かなくなりましたね。つまり相手の自惚れの自尊心をぐさっと一突きに刺し通すんですな。この手が一番、手っとり早い。もちろん、そんな婉曲な表現じゃ、一向に通じない野暮天野郎いないではないが、そういう男は土台、はじめっから、色事する資格なんぞありゃしないんだ。

あたしの方が別れたい時は、一方的に遮二無二《しゃにむに》逃げの一手をとりますね。相手はいつでも玄人《くろうと》だから、その点、逃げさえすれば切れてしまう。

だけど不思議なことがあるものですよ。あたしはね、今を去ること十五、六年ばかり前、脳の病をわずらいましてね。脳神経衰弱性健忘症っていう長い病名なんですよ。その上にもう一つあんまり結構でないやつがくっついている。梅毒症というんだ。よくないね、こいつは。とにかくその病は、われわれ仲間の悪い病気を一手にひきうけて治してくれた長谷川先生という名医のおかげで、すっかり跡かたもなく治りましたがね。おかげでそれ以来、昔のことは、本当にきれいさっぱり忘れちまった。何もかも、ぼうっと霧のようなものがかかって、その向うに遠のいてしまったんですよ。

ところが、どういうものか、昔馴染んだ女の名前と、講談の筋と、一度覚えこんだ年月日や数字だけは忘れないのです。全く、こいつは不思議な話だ。

大体、あたしなんざ、今は病気の巣みたいな軀で、結核はもっている、糖尿の気はある、腰が痛いと、満身病気だらけの廃物です。

それが、高座に上る時だけは、しゃきっとするのも不思議なら、張扇をパンパンと二度叩いたとたんに、すうっと頭の中に読物の筋だけが浮んできて、どんな、長たらしい人の名前でも、年代でもすらすらっとよどみなく出て来るんですよ。こいつばかりは自分でもどういう構造になっているのかわからない。一つ長谷川先生に聞いてみたいと思っても、命の綱と頼んだ先生の方が、あたしより先にあの世に逝《い》っちまってね。

それにしても、あれだけ、バクチをしたり女にからまれたりして芸の修業ってものをおろそかにしながら、よくこれまでこの道一筋でやってきたものだと思いますよ。そりゃあ、あたしなんか怠け者だといったところで、このごろの若い者たちのようななまぬるい修業ぶりはしてやしませんがね。

今じゃ、何でも、授業料さえ出しゃあ、芸が身につくと考えているようだけれど、芸だけは、銭金《ぜにかね》をいくら積んだところで、具《そな》わらないことがある。

われわれの世界でも、活版本で覚えた読物はどうしても生きて来ないから不思議だ。やっぱり昔ながらに、師匠や先輩の読口をじっくり聞いて、自分で点取りして、自分のものにしてしまったものだけでなければ、芸が生きて来ないんです。

自分の芸に対する自信、そんなものは死ぬまで持てないんじゃないですかねえ。おおよそ、芸人といわれるほどの者は、そういっちゃあ失礼だが、あなたがたのような御商売にしたって同じことじゃないかと思うんだが、芸の自信は、人がつけてくれるものじゃありませんかね。誰しも、口には出しはしないけれども、その都度せいいっぱいの力をだしきってやっておりますよ。そうでないような奴は本当の芸人とはいえやしません。よくお客や批評家の先生が、

『あいつ、この席は、手をぬいている』

なんてことをいわれるけれども、あたしゃ少なくとも芸人気質の人間なら、自分の高座で、手をぬいたり、力の出し加減を、按配したりするということは、絶対出来はしないと信じ

ています。ね、そうじゃありませんか。その時、腹をくだしていて声に力が入らないとか、風邪熱で頭がかすんで調子がとれなかったとか、いろいろ、条件が揃わない間の悪いことがあって、それが読口に作用したとしても、その時、講釈師が、力をぬいてやったとは一概にいいきれるものじゃありません。むしろ、あたしゃ、芸人は誰しも、どんな前座のはしくれにしろ、一人でもお客を前にした時は、せいいっぱいの力を出して演《や》っていると思いますよ。それが、芸そのもののもつ魔力みたいなもので、その力の前には、ちゃちな人間の小細工なんか利かなくなるものなんだ。力の出し惜しみなんてことは、本当の芸人なら、絶対しろったって出来るものじゃありません。

　ただし、芸には出来、不出来はつきものだ。それだからこそ、死ぬまで修業が必要なのだし、芸の面白さもあるというものだ。

　いつでもいつでも、同じ調子で百点満点ばかりの芸をみせる人間なんて、一度聞いたら、もう聞かなくたって同じじゃありませんか。良い出来の日もあれば、調子の落ちた日もあるからこそ、聞くお客の方もはりあいがある。いえ、決してこれはこじつけじゃありません。あたしがこの年まで生きて、見て、聞いて、そういうことがわかってきた。偉い人ほど、出来不出来も多いものですよ。

　あたしなんざ、なまじっか、おやじがああいう人間だったばっかしに、はじめから素直に、さらりと芸の中に入っていかれなくって、廻り道をしてしまいましたよ。

今でも忘れられないのは、まだ若い頃、まあ、その時のあたしとしては、せいっぱいの力を出しきって、水滸伝をやりました。するてえと、客の一人が、あたしがお辞儀をした頭をあげたとたん、

『ああ、この人のおとっつぁんの伯山の水滸伝は、うまかったなあ』

って、嘆息するんです。今でも、その声が耳に残っています。それ以来、あたしはもう金輪際、おやじの得意の読物は、生涯読むまいと、心に決めたんです。

それで、与三郎とか、鬼薊《おにあざみ》なんてものを、自分で工夫して、自分の読物の一つにつくってきましたよ。あたしの辛さは、いつでも、他人がつけてくれる筈の芸の自信が、おやじと比較されるばっかりに、自信を失くさせられるという方法でしか、かえって来なかったところです。

それでも、とうとう、この道にしがみついて、ここまで来てしまったのだから、これも業の一つでしょうなあ。

これでもう、芸の欲がないかと聞かれると、やっぱり、欲があるんでしょうなあ。この年になっても高座に上らなければ食えないのもたしかに理由の一つだけれども、やっぱりサラリだけが目的で、この軀で高座をつとめてるわけでもないんですなあ。食うだけなら、

もうこんな半分死にかかったような年寄りふたりだ。どんなことしたって、わが口ぐらい養えましょう。やっぱり、昨日よりは今日、今日よりは明日とじぶんの高座の芸をたしかめてみたい気があって、あそこへ上っていくような気がしますよ。
おや、色の話が、どこからこういう陰気な話になっちまったのかなあ」

邦子が時々、思いだしたように本牧亭をのぞいたり、湯島の老人の家を訪ねたりしているうちに、夏もすぎ、秋も深くなっていった。

「加島さん、このごろ便りがちょっととだえているようだが、あなたのところへは来ておりますか」

老人に訊かれて、邦子もそういえば、何だか島からの便りが遠のいていると思った。便りといっても、葉書に加島の書いた右下りの字で、ぽつりぽつりと書いてくる詩のように短いものだったが、それも、二カ月ばかり訪れていない。

「島は相変らずの、閑《のど》かさ。ますます歳月を忘れます。妻も先月から頼まれて、村の小学校の先生になっています。授業中、赤ん坊は校庭のレモンの樹にわたしたハンモックの中で、おとなしく眠っています。島の精薄の少年がひとり、そんな赤ん坊をいつでもじっとお守りしてくれているのです。島の夕焼けだけは、あなたにどうしてもみせてあげたい」

そんな便りが最後だったようだ。

「加島さんはお若いのに偉いところのあるお人だった。ね、そうじゃありませんか。人間誰しも、時には浮世をすっぱり逃れたく思っても、ああは、断行出来ませんよ。思いきったお人だね。それにつけても、あたしなんざ、いったい何が楽しみでこの世にしがみついているかと思うけれども、やっぱり、まだ正直のところ死にたくないんですな。死神が迎えに来たら、もう一日待ってくれないかと頼みたくなりそうだ。その一日で何をするというあてもないけれど、こういう一日をやっぱりもう最後かと、一日ゆっくり味わってみたいなんて思いますよ」

松鯉老人は、いつものように透きとおった青白い頬に、今日は少し朝から熱っぽいのだと、桜色の血の色をすかせて、軽く咳きこんでいた。

長居は疲れさすだろうと、邦子も手土産だけを置いて帰って来た。

アパートの郵便受けに、邦子あてのハトロン紙の細長い封筒がさしこまれていた。

封筒に印刷された学校の所在地が、加島たちのいる島だったので、邦子はいそいでその場に立ったまま封を切った。

やはり学校の名を印刷した粗末なレターペーパーに、見覚えのない達筆が流れていた。

「突然のお便り差しあげることをお許し下さい。実は加島先生御一家が、去る十二日の日曜日、突然、高潮にのまれて御逝去されました。

その日は晴れた日曜日で、一見海はおだやかでありましたが、この内海にも、何十年に一度の割で、そういう突発的な高潮の襲来があるということを、島の古老が申しております。加島先生はいつもの日曜日の例の如く、島の岬の突端の燈台の下の岩の上で、釣糸を垂れていられ、美奈子夫人は加奈子ちゃんを抱かれ、その横で坐っていられました。その平和な美しい姿は、すでにもう島人にとっては馴染み深い日曜日の風景の一つになっていたのです。その朝も、松林で網をつくろっていた漁師の老人がそう思ってみている時、ふと、風の異様な気配を感じ、長年の経験から危険を感じて、加島先生に報せに走っているうちに、老人の声がとどくより先に、突風が起り、高潮が襲って、一瞬の後には三人の姿は、かき消えていたのです。まるで夢としか思えない事件に、まだわれわれ一同茫然自失であります。聖家族のような美しい御三人のありし日の姿が浮び、ペンも止まってしまいます。加島先生の机の中から、あなたよりのお便り何通か出てまいりましたので、とりあえず御一報申し上げます」

邦子は、二度文面を読み直した。頭も軀も真空になっていた。

加奈子を抱いた背の高い加島と、小さな美奈子がよりそって、のどかそうにまっ青な海の中を歩いていく後姿が、いつか見た映画の一場面のように、ありありと思い描かれてきた。

加島の望んだような完全な親子だけの平和は、やはりこの地上では完《まっと》うすることが出来なかったのだろうか。

邦子は、加島夫妻と心を触れあわせた日々のことを思いだしていた。

不思議に心が騒がなかった。昏い気持にもならなかった。

ふと、浄土とは海の底のような無限の青さに染まった世界なのではないだろうかと思った。

秋草の咲きみだれる花野が、まっ青な硝子のような空気の中に、あるともみえない風にゆらいでいる風景が浮んでくる。その中をふりむかない三人の影が、次第に点のように遠ざかっていった。

（『別冊文藝春秋』昭和三九年六月／『瀬戸内寂聴全集 第一巻』平成一三年　新潮社刊）

著者略歴

夏目漱石（なつめ・そうせき）
慶応三（一八六七）～大正五（一九一六）年。明治二六（一八九三）年に帝国大学英文科卒業後、教師を経て、三三（一九〇〇）年、ロンドンへ留学。帰国後『吾輩は猫である』を発表し作家となる。主な著書に『坊っちゃん』『三四郎』『こゝろ』など。

永井荷風（ながい・かふう）
明治一二（一八七九）～昭和三四（一九五九）年。明治三六（一九〇三）年より四一（一九〇八）年まで外遊。帰国後『あめりか物語』『ふらんす物語』（発禁）を発表。主な著書に『つゆのあとさき』『濹東綺譚』、日記『断腸亭日乗』など。

小島政二郎（こじま・まさじろう）
明治二七（一八九四）～平成六（一九九四）年。慶応大学在学中、「三田文学」にて作品を発表し始める。主な著書に小説『緑の騎士』『眼中の人』『芥川龍之介』『小説　永井荷風』、エッセイ『食いしん坊』など。直木賞・芥川賞の選考委員を長く務めた。

有竹修二（ありたけ・しゅうじ）

明治三五（一九〇二）～昭和五一（一九七六）年。大正一五（一九二六）年、朝日新聞社に入社。昭和二一（一九四六）年、時事新報に移り編集局長などを経て常務。のち産業経済新聞論説委員。『岡田啓介』など政治家伝記を著したほか、講談にも造詣が深かった。

立川談志（たてかわ・だんし）

昭和一一（一九三六）～平成二三（二〇一一）年。昭和二七（一九五二）年、五代目柳家小さんに入門。芸名小よし、小ゑんを経て、七代目立川談志を襲名。五八（一九八三）年、落語立川流を創設、家元となる。主な著書に『現代落語論』『新釈落語咄』など。

瀬戸内寂聴（せとうち・じゃくちょう）

大正一一（一九二二）～令和三（二〇二一）年。昭和三八（一九六三）年、『夏の終り』で女流文学賞受賞。四八（一九七三）年、中尊寺にて得度し、法名寂聴となる。主な著書に『美は乱調にあり』『花に問え』『白道』『場所』『奇縁まんだら』など。

本書に登場する主な講談師たち

神田松鯉（初代）
天保一四（一八四三）～大正一〇（一九二一）年
安政四（一八五七）年、初代伯山に入門。明治三（一八七〇）年、二代目伯山を襲名。三七（一九〇四）年、小伯山に三代目を譲り、松鯉と改名。「宋朝水滸伝」などを得意とし明治・大正期に活躍。晩年は講談界の古老として仰がれた。

神田伯山（三代目）
明治五（一八七二）～昭和七（一九三二）年
明治一六（一八八三）年、二代目伯山に入門。三七（一九〇四）年、三代目伯山を襲名。「清水次郎長」等の侠客物を得意とし、「次郎長伯山」と呼ばれたほか、公演が始まると近辺の客がいなくなってしまう人気の高さから「八丁荒らし」とも称された。

神田松鯉（二代目）
明治一八（一八八五）～昭和四二（一九六七）年
明治二八（一八九五）年、父である初代松鯉に入門。高座名は悦山。父の門弟・小伯山の三代目伯山襲名をきっかけに小伯山を名乗る。父の没後、大正一〇（一九二一）年に二代目松鯉を襲名。昭和四〇（一九六五）年、勲五等双光旭日章を受章。

神田伯龍（五代目）
明治二二（一八八九）～昭和二四（一九四九）年
明治三五（一九〇二）年、小伯山（のちの三代目伯山）に入門。四五（一九一二）年、五代目伯龍を襲名。初代山陽、初代ろ山、三代目伯治とともに四天王と呼ばれ活躍した。小島政二郎著『一枚看板』の主人公として知られるほか、江戸川乱歩著『D坂の殺人事件』の明智小五郎のモデルと言われている。

錦城斎典山（三代目）
元治元（一八六四）～昭和一〇（一九三五）年
明治一〇（一八七七）年、三代目貞山に入門、貞花を名乗る。兄弟子・貞丈が四代目貞山を襲名し、貞丈と改名。二三（一八九〇）年、四代目貞山の没後、五代目貞山を襲名。四〇（一九〇七）年、三代目錦城斎典山と改名。

一龍斎貞山（六代目）
明治九（一八六七）～昭和二〇（一九四五）年
明治一九（一八八六）年、四代目貞山に入門。師匠の没後、五代目貞山（のちの三代目典山）門下に移る。四〇（一九〇七）年、六代目貞山を襲名。昭和一五（一九四〇）年、講談落語協会会長に就任し、演芸界において政治力を発揮した。東京大空襲で被災し死亡。

宝井馬琴（四代目）
嘉永五（一八五二）～昭和三（一九二八）年
慶応二（一八六六）年、父である初代琴凌に入門。小琴凌を名乗る。父の没後、麟慶門下に入り、明治八（一八七五）年、二代目琴凌を襲名。三一（一八九八）年、四代目馬琴を襲名。名手といわれた修羅場ものをはじめ幅広い読み物を有した。

小金井蘆洲（三代目）
明治九（一八七六）～大正一四（一九二五）年
明治二四（一八九一）年、二代目琴凌（のちの四代目馬琴）に入門。二代目伯山門下に移り伯龍を襲名するが返上、三八（一九〇五）年に四代目馬琴門下で西尾麟慶となる。四四（一九一一）年、三代目蘆洲を襲名。世話物を得意とした。

対談
あのころの客席から講談の未来が見える
――明治、大正、昭和の講談ファンが語り継いできたもの

六代目神田伯山 × 長井好弘

全部がつながっている

長井　手前味噌かもしれませんが、良い本ができました。伯山先生、アンソロジー全体を読んで、どんなことを考えましたか？

伯山　第一印象は、有機的に全部の作品がつながっているということですね。最初に出てくる漱石、荷風の文章が、その後の有竹修二「漱石、鷗外、荷風と講釈」につながっていく。有竹修二の文章には講談への愛情があふれていて、いいですね。そして、その有竹さんが書いた『講談・伝統の話芸』を座右の書にしていたのが立川談志師匠。この談志師匠の「講談師たち」がまた、圧倒的に面白い。落語にはない、講談の引き事の魅力を実例として挙げながら、「こういうところが好きなんだ」と丁寧に説明してくれる。

「みんなに講談を好きになってほしい」という優しさに満ちた文章です。

長井　全部の文章がつながるというのは、本当に同感です。読んでいるうちに、「さっきあの先生が書いていたのはこのことだったのか」とか、「ここで引用されているのが例の文章だったのか」といった発見が何度もありました。

「三代目伯山」を語るということ

伯山　「好き」という熱量が高い文章のほうが、私はいい。正直、小島政二郎のものはとても勉強になるんですけど、今読むと何だか威張っているような感じを受けますね。大正から昭和にかけての文壇の人はとても権力があって、「芸人を取り上げてやる」という価値観があった。そういう状況も伝わればと思います。「釈場通い」でも、典山と三代目伯山を取り上げながら、伯山を語りきれていないですね。

長井　三代目伯山をやや単純化して語っている感じですね。

伯山　講談に関する資料は本当に少ないので、今こうして残されていることは大変ありがたいのですが。久保田万太郎や安藤鶴夫など、当時の評論家の座談会を読むと、芸人を一段も二段も下に見ていて、芸人を呼び捨てにしながら、偉そうに喋っているんですよ。（笑）

長井　小島は直木賞の選考委員を第一回から長い間やっていた。文壇でもかなり力があったから、小島の評価がそのまま受けとられた。「典山は高い、伯山は安い」なんてのもそう。小島の時代は、書かれた芸人がどう思うかというような忖度はまったくないですね。

伯山　ものすごく一方的なツイッターを読んでいるみたいな感じですね。

長井　そう言うと、何だか今風に聞こえますね。（笑）

伯山　小島は、五代目神田伯龍のことを書いた短篇「一枚看板」で、文壇での評価が上がったと言います。講談師を主人公にして、文学として評価された。その点で意義深い作品です。

長井　伯山の芸については、有竹の「三代目神田伯山のこと」がわかりやすいですね。三代目伯山の芸の魅力が存分に書かれているし、腕利きばかりの伯山一門の面々についても言及されています。

伯山　この文章には愛がありますね。やはり三代目伯山には圧倒的な魅力があったと思うんですよ。親分肌で、弟子たちも優秀なのが多くて、金払いが良くて。弟弟子の松鯉が自分の名前で勝手に借金したりしても、それを笑いながら受けとめる度量の大きさがあった。お客は、伯山の技術とともに、伯山という魅力、大きさ、人間を聴きに行っていたんだなって私は思う。

伯山　永井荷風の「築地草」、面白かったですよ。荷風は、世話物の名人、一立斎文慶に間に合っている。有竹さんは間に合ってない。「間に合っている」「間に合っていない」リレーを読むことができます。

長井　小島も文慶に間に合っているので、「文慶亡き今、典山を聴くしかない」みたいな書き方をしていますね。

伯山　それにしても、当時は浪花節が全盛で、伯山だけが講釈でお客を呼んでいるのに、荷風も小島同様に伯山の評価が低い。「たちまち人を飽かしむ」なんて書いている。

長井　「八丁荒し」の伯山が活躍する一方で、同時代には典山、貞山、蘆洲もいた。こちらは評論家の評価は高いけれど、人気も集客も伯山には及ばない。伯山は放っておいても客を集めるので、「それより貞山をちゃんと聴いて」ということかな。あるいは、典山を持ち上げることで自分の見識の高さを示すということもあるかもしれない。

伯山　それが強いかなって感じます。大衆演芸としてなら、伯山の芸のほうが優っている。とは言いながらも、聴き込んでいくと、伯山にないものが典山にはある。典山の細かな技術も見ようよって、そういうバランス感覚があんまりないのが残念ですね。

長井　荷風は芸事が好きで、あらゆる劇場に行っている。晩年はストリップになっちゃったけど。

伯山　ストリップを見ている頃に伯山を聴いてくれたら、また違う感想だったかもしれないですね。でも、こういう文章を残してくれてありがたいです。

楽屋美談の楽しさ、懐かしさ

伯山　漱石の「硝子戸の中」。当時いかに端席《はせき》が多かったかというのが面白い。日本橋の伊勢本、八丁堀の聞楽亭のような立派な席もあれば、二十五人ほどの安直な寄席も多かった。漱石が書いた「出てくるのが全部南麟」っていう端席は、南麟先生自身が経営してたんじゃないかな。（笑）

長井　その頃聴いていた若い講釈師に、漱石は何十年も経ってから巡り会う。それが修羅場の名手、四代目の宝井馬琴でした。

伯山　そうそう。漱石が、明治という変化の時代にいろんなことを考え、筆に残すということを何十年もした後に、馬琴を見たら、芸が何も変わってない。

長井　「進歩もしない代わりに退歩もしていない」と。

伯山　ふつう退歩はするものですけど、下がってもいない。「なんだこれは」って書いている。当時の「進歩しなければ」と考えていた文化人にとって衝撃だったんでしょう。

長井　いつもキャンキャン嬉しそうに修羅場を読むので、「雪の日のちんころ」というあだ名がついた人ですね。

伯山　あとは有竹の「八丁堀一夕話」に書かれていた女中さんの話。もとは洲崎の女郎で、聞楽亭で働いて、腸チフスで死んだという。ああいう忘れられてしまうような、消えていく人たちのことを、常連だった有竹さんが書き残し、私と長井さんが今しゃべっているのが、とても面白い。

「とにかく間に合っていない」談志

伯山　談志師匠の文章でいいのが「とにかく間に合ってない」ということ。だから、主流じゃなくても、そのとき生き残っていた老講釈師を肯定するしかないんです。「私にとって宝物みたいな人達」だけど、「けっして主流ではなかった、むしろ下手な部類であったろう」って、ちゃんとそこにも客観性がある。

「伯山、蘆洲、典山は無理でも、貞山、伯龍、山陽、麟慶の蘆洲あたりは聴けたのに……無念だ」っていうのが、とっても素直で素敵だなあと思います。

長井　そういう思いを込めて、講釈種の「小猿七之助」などを演じていたんだね。

伯山　それが今の立川談春師匠とかに伝わっていますから。主流じゃなかった爺さんらが談志師匠に影響を与え、談志師匠から影響を受けた人がまた今つないでいるのだから、意味があったんだなってつくづく思いますね。

トリは「花野」で文句なし

伯山　瀬戸内寂聴の「花野」は名作だなと思いました。

長井　意見が合いますね。

伯山　芸の世界の雰囲気があって、オチもいいし、完璧。特に私は、先代も当代も「松鯉」という人に思い入れがあるので。神田派にとって、この小説を入れるのはマスト中のマストだなと。寂聴さんは亡くなられましたが、お会いしたかった。二代目の松鯉が本当によく描かれています。「三十過ぎたら死ぬ」って言われて遊び狂ったのに、全然死ななくてダラダラ生きているという……。

長井　博奕と女性について人間性を疑うようなエピソードまで書かれていますが、それはそれで面白い。

伯山　文章が良いのか、昔だからなのか、この人自身の面白さなのかわからないんですけど、そんなに不快感なく読めますね。でも、「ただの弟子が自分の継ぐべき名前を継いだ

から、借金あいつにこさえてやる」って最低の弟弟子じゃないですか。（笑）

長井　それで「（兄弟子の）あいつにも後ろめたいところがあるだろう」みたいなことを言っている。（笑）

伯山　そういうところは最悪なんだけど、それも含めて魅力がある。悪いところも書いているから、この物語は面白いのかなあ。

長井　途中で講談の歴史なども無理なく挟まり、講談をよく知らない人でも入っていける。地の文も説明口調ではない。「花野」は、このアンソロジーの「トリ」で十分いけますね。

本書に込めた未来へのメッセージ

伯山　この本は単なる「寄せ集め」ではありません。第一弾『桂馬の高跳び』は講談師が書いたもの、第二弾『本牧亭の灯は消えず』は講釈場の席亭が書いたもの。第三弾で講釈や講釈場がどのように語られてきたかをまとめました。これでようやく集大成。マストで読んでほしいというものが揃いました。

長井　漱石で始まって寂聴で終わるという贅沢な本だから、まずは手にとってもらえれば。

伯山　それと、本書には「伯山」っていう名がたくさん出て来るので、「今、六代目がいる」というのは、とても大事なことだなって改めて思いますね。

長井　伯山以外にも、この本に多くの大名跡が登場します。でも、今は典山も貞山も伯龍も馬琴もいない……。

伯山　私は過去よりも未来を見ているんです。近い将来に優秀なのが出てきたら、その人も本書を読むでしょう。この本を出すことによって、未来の講釈師に必ずつながると思います。この名跡を復活させたいと思う人も出てくるんじゃないですかね。講談には、大きい名前が綺羅星の如くありますから、三十年後、四十年後に「当代がいる」っていう状態にみんなで持っていきたいなと思います。

六代目　神田伯山　一九八三年東京都生まれ。二〇〇七年、三代目神田松鯉に入門。前座名「松之丞」。一二年、二ツ目昇進。二〇年、真打ち昇進と同時に六代目神田伯山襲名。日本講談協会、落語芸術協会に所属。

長井好弘　演芸評論家。一九五五年東京都生まれ。都民寄席実行委員長、浅草芸能大賞専門審査員。著書に『寄席おもしろ帖』『新宿末広亭のネタ帳』『僕らは寄席で「お言葉」を見つけた』、編著に『落語家魂！　爆笑派・柳家権太楼の了見』など。

（二〇二一年八月、オンラインにて　構成・長井好弘）